FunkSprüche

FunkSprüche

Radioandachten im Hessischen Rundfunk

Herausgegeben von Heidrun Dörken

Spener Verlag · Matthias Grünewald Verlag

ISBN 3-930206-52-8
Spener Verlag

ISBN 3-7867-2259-5
Matthias Grünewald Verlag

00 01 02 03 4 3 2 1
© Spener Verlag GmbH, Frankfurt am Main 2000

Lektorat: Doris Werner
Satz und Umbruch: Hans-Jürgen Manigel
Umschlag: Piva & Piva, Darmstadt
Umschlaggestaltung unter Verwendung eines Aquarells von Root Leeb (Marnheim), „Der Mensch", entnommen aus: Root Leeb, Rafik Schami, „Die Farbe der Worte", ars vivendi 1999
Druck und Bindung: Clausen & Bosse, Leck
Printed in Germany

Inhalt

FunkSprüche ...

verbinden Menschen. Funksprüche sagen, was im Alltag wichtig ist – manchmal lebenswichtig. Was ihnen im Leben wichtig ist, erzählen 28 Autorinnen und Autoren in diesem Buch.

Ihre Texte sind Zu-Sprüche, die ermutigen. Sie wollen hellhörig machen, hellhörig für Erfahrungen des christlichen Glaubens im Alltag. Wo authentisch erzählt wird, dort blitzt Sinn auf und wird Gottes Segen spürbar.

„FunkSprüche" heißt das Buch, weil die Texte ursprünglich Hörfunk-Sprüche waren, nämlich evangelische und katholische Radioandachten. Konkret im Hessischen Rundfunk als „Zuspruch am Morgen", als „Moment mal" und als „Übrigens". Jetzt liegen sie in leicht überarbeiteter Form gedruckt vor, damit der Funke auch auf Leserinnen und Leser überspringen kann.

Mein Dank gilt dem Hessischen Rundfunk. Seine Mitarbeiterinnen und Mitarbeiter vom Kirchenfunk und den Wellen begleiten die kirchlichen Sendungen aufmerksam und hilfreich. Ich danke dem Senderbeauftragten der Katholischen Kirche, Pfarrer Karl-Heinz Diehl, für seine redaktionelle Unterstützung, den Autorinnen und Autoren, dass sie ihre Beiträge für dieses Buch zur Verfügung stellen, und besonders Doris Werner, Lektorin des Spener Verlags, für ihr Engagement.

Frankfurt am Main, im Mai 2000

Heidrun Dörken
Rundfunkbeauftragte
der Evangelischen Kirche
in Hessen und Nassau

 Segensreich

Schutz und Schirm

Es regnet. Die Frau, die vor mir hergeht, spannt einen großen weißen Schirm auf. Als sie ihren Weg fortsetzt, sehe ich, dass der Schirm einen dunkelblauen Aufdruck hat. Ich versuche zu entziffern: „Unter ... Deinem ... Schirmen." Merkwürdiger Werbetext. Macht doch gar keinen Sinn. Irgendetwas stimmt da auch nicht mit der Grammatik. Außerdem fehlt die Marke. Für wessen Schirm wird denn hier geworben?

Am Abend, zu Hause, Musik im Radio. Ein Chor singt. Etwas von Bach. Aha, die Motette „Jesu, meine Freude". Und plötzlich fällt mir die Frau mit dem Schirm wieder ein. Ja, natürlich, das ist es: „Unter deinem Schirmen ..." ist ein unvollständiges Zitat aus der zweiten Strophe des Liedes „Jesu, meine Freude".

Ein Bild steigt in mir auf. Das einer Mutter, die mit ihrem Kind betet. Einem zitternden Kind, das nicht schlafen kann, weil es Angst vor Luftangriffen hat, Luftangriffe auf die Stahlstadt Essen im Jahre 1942. Niemand kann ihm versprechen, dass es heute Nacht keine Angriffe geben wird. Aber die Mutter versucht, der kleinen Seele auf andere Weise Ruhe zu geben. „Unter Deinem Schirmen", betet sie mit dem Kind, „bin ich vor den Stürmen aller Feinde frei." „Wirklich?", fragt das Kind. Und dann auch noch: „Kennt der liebe Gott denn die Engländer?" Das Wort „Feinde" aus dem Lied verbindet sich für das Kind sogleich mit dem Begriff „Engländer".

Die Mutter hält kurz inne: „Natürlich kennt Gott auch die Engländer. Er liebt sie, wie uns. Und die englischen Kinder haben genauso Angst vor unseren Bomben wie wir vor ihren." Dann betet sie weiter: „Lass den Satan wettern, lass die Welt erzittern. Mir steht Jesus bei. Ob's mit Macht gleich blitzt und kracht ..." Das Kind ist beeindruckt, wie realistisch da vom Krieg gesprochen wird. Denn das kennt es, das Blitzen und Krachen, dieses Welt-Erzittern, das einem die Kehle zuschnürt vor Angst. Es ist froh, dass das Gebet davon redet. Es fühlt sich auf einmal ernst genommen in seinem Kinderleben im Krieg.

Als die Mutter dann bei der dritten Strophe angekommen ist und mit den Worten schließt: „Gottes Macht hält mich in Acht, Erd und Abgrund muss verstummen, ob sie noch so brummen", da wickelt sich das Kind in diese Worte ein wie in eine Sicherheitsdecke und kann schlafen.

Das Lied „Jesu meine Freude" ist mehr als 300 Jahre alt und bis heute Bestandteil des Evangelischen Gesangbuchs. Geschrieben hat es 1653 ein Johann Franck, Ratsherr und Bürgermeister in der Niederlausitz. Er kannte die Schrecken der Bombennächte des 20. Jahrhunderts nicht, er kannte die Schrecken des 30-jährigen Krieges. Und damit die Bedrohung für Leib und Leben.

Menschen sind zu allen Zeiten und in allen Zusammenhängen auf der Suche nach Schutz und Schirm. Das fängt beim Regenschirm an und hört bei militärischen Radarschirmen noch lange nicht auf.

Im Tiefsten wissen wir freilich, dass all unsere großen und kleinen Abschirmmaßnahmen vergeblich sind. Den Tod werden wir nicht los. Und da kommt so ein Ratsherr aus der Niederlausitz oder auch ein Johann Sebastian Bach, und sie setzen sich vor unseren Augen unter den Schirm des Höchsten!

Nur dieser Schirm hat Angst lösende Macht. Als Kind habe ich das gewusst. Dass erst ein Regenschirm daherkommen musste, um mich daran zu erinnern.

Gisela Brackert

11

Friede sei mit dir

„Friede sei mit dir" lautet ein altes Segenswort. Ausgesprochen bis heute, gewünscht, vielmals weitergegeben. Friede sei mit dir. Wer dem anderen den Frieden wünscht, der sagt ihm nicht nur seine Unterstützung zu. Er sagt: Es gibt etwas, das uns verbindet. Darum: Friede sei mit dir.

Ein alter Gruß ist das. Man kann sich vorstellen, wie Jesus auf Menschen zugegangen ist. Mit diesen Worten hat er sie begrüßt. So hat er ihr Haus betreten. Das sagte er, als er mit ihnen gegessen und mit ihnen getrunken hat: Friede sei mit dir, Schalom.

Schalom – der Gruß hat sich in Israel bis heute erhalten. Doch für viele ist der Schalom mehr als ein Gruß. Er ist ein Segenswunsch geworden. Er ist möglicherweise vertrauter als die feierlichen Formeln des Segens: Gott segne dich, Gott behüte dich. Vertrauter als die großen Segensworte, die regelmäßig am Ende eines Gottesdienstes oder zu besonderen Anlässen gesprochen werden. Oft geht es feierlich zu, wo gesegnet wird.

Segnen, das hat auch eine andere Bedeutung. „Benedicere" heißt auf Deutsch nichts anderes als „gutsagen". Natürlich sind nicht nur berufene Amtspersonen zu solchem Gutsagen berechtigt, Priester und Pastoren. Segnen darf jede und jeder. Wer segnet, der tritt gewissermaßen einen Schritt zurück, stellt sich nicht in die Mitte. Es ist ja nicht der Mensch, der Menschen verbindet. Das mögliche Glück ist es: Der Himmel Gottes. Göttliche Gnade. Eben der Wunsch: Friede sei mit dir.

Ein Bekannter, der viel zu tun hat, erzählt. Spätabends, wenn er nach Hause kommt, geht er an das Bett seines schlafenden Kindes. Vorsichtig legt er die Hand auf das Köpfchen mit diesen Worten: Friede sei mit dir. Das sagt auch die Mutter, bevor das Kind aus dem Haus zur Schule geht. Auch mir hat es ein Freund weitergegeben, als ich ins Krankenhaus kam. Vor einer langen Reise und beim Abschied, da ist der Platz für diesen Alltagssegen: Friede sei mit dir. Auch beim Abschied von unseren Toten.

Ein zu früh verstorbener Freund hat wenige Monate vor seinem Tod aufgeschrieben, was Segen für ihn bedeutet: „Es ist ein Unterschied, ob einer beim Kommen wortlos und mit saurer Miene empfangen oder ob er freundlich angesprochen und zärtlich berührt wird, so dass sein Kommen zu einem Heimkommen wird. Und es ist ein Unterschied, ob beim Abschied hinter uns die Tür ins Schloss fällt oder ob uns einer noch ein Stück begleitet, umarmt und mit allen guten Wünschen versieht, so dass Distanzen im Voraus überbrückt werden und Rückkehr möglich bleibt. Diese Situationen reden deutlich davon, was ein Segen ist." (Folkmar Braun)

Es ist keine Magie, die den Worten des Segens ihre Kraft gibt. Es ist etwas anderes. Es ist das Wissen, dass uns vieles möglich ist, dass aber nicht alles in unserer Macht steht. Mit unseren Grenzen und Möglichkeiten können wir im Frieden Gottes sein. Das sagen die Worte vom Gruß, der ein Segen ist. Mit viel Realismus enden die Gedanken meines Freundes über den Segen: „Das Leben geht auch ohne solche Veranstaltungen seinen Gang, aber mit ihrer Hilfe geht manches leichter."

Christoph Busch

Die Frau, die salbt

Es gibt Momente, in denen wird auf einmal sichtbar, was wirklich zählt. Etwas wird klar, das an der Oberfläche gar nicht deutlich war. Etwas, das vielleicht sogar ganz anders ist, als die Mehrheit der Leute meint. Wer das einmal erlebt hat, weiß: Es braucht Mut, einen solchen Augenblick zu ergreifen. Davon erzählt das Markusevangelium.

Es ist bei einem Arbeitsessen. Man will über brisante soziale und theologische Probleme sprechen. Der Ort ist gut gewählt, am Rand der Hauptstadt im Grünen, und der Ehrengast gilt als der kommende Mann. Jesus von Nazareth stammt zwar aus der Provinz, hat aber Charisma, ist ein guter Redner, dem man spektakuläre Taten nachsagt. Auf dem Weg zu den Führungskräften in Jerusalem macht er in Bethanien Station. Die Teilnehmer des Arbeitsessens sind sich einig. So einer könnte es schaffen, die politischen und sozialen Probleme zu lösen. Seit die Weltmacht Rom das Sagen hat, ist das Land wirtschaftlich ausgebeutet und politisch unterdrückt. Viele Menschen haben keine Arbeit, und einige wenige haben profitiert, oft auf Kosten anderer. Vielleicht kann Jesus wenigstens die geistige Wende im Land herbeiführen?

Doch dann die Störung. Eine Frau kommt herein und geht wortlos auf Jesus zu. Sie zerbricht ein Glasgefäß mit kostbarem Öl und salbt Jesu Kopf damit. Der Duft erfüllt den Raum. Unwilliges Gemurmel: Was will diese Frau? Hier ist nur Platz für Männer, nur Zeit für wichtige Reden. Aber Jesus lässt das Salben geschehen, genießt es sogar. Die Unruhe wächst. Nicht nur, dass die Frau die Männergesellschaft unterbricht. Sie maßt sich etwas an: Denn sie bezeichnet Jesus mit der Salbung als Messias. Sie erklärt ihn vor aller Augen als Retter und König, ganz ohne Worte. Nach uralter Sitte dürfen das nur Priester und Propheten. Selbst wenn man diese Ungeheuerlichkeit noch tolerieren würde, eins geht nun wirklich zu weit: Das Luxusöl wird von weither importiert. Es ist so viel wert wie das

14

Jahresgehalt eines Arbeiters. Welch eine Verschwendung. Wie viel Gutes hätte man damit für Arme tun können! Ein paar Männer versuchen, die Frau zur Rede zu stellen, andere fangen an zu schimpfen.

Was Jesus darauf sagt, hat nicht nur die Runde damals verblüfft. „Lasst sie in Frieden! Sie hat ein gutes Werk getan. Sie hat meinen Leib im Voraus gesalbt für mein Begräbnis." Und er sagt außerdem: „Wo das Evangelium gepredigt wird in aller Welt, da wird man auch das sagen, was sie jetzt getan hat, zu ihrem Gedächtnis."

Es gibt Momente, in denen auf einmal sichtbar wird, was wirklich zählt im Leben und im Sterben. Diese Frau hat einen solchen Moment ergriffen. Sie hat als Einzige verstanden: Auch wenn alle Jesus schon als Sieger sehen, kommt er am Leiden und am Sterben nicht vorbei. Sie stellt sich seinem Weg nicht entgegen, obwohl sie ahnt, dass man Jesus verfolgen und sogar töten wird. Sie hat keine Strategie gegen die Gewalt, aber Sympathie und Mitgefühl. Sie hat erkannt, was jetzt, in diesem Moment, zählt.

Heidrun Dörken

Das Zeitliche segnen

Totensonntag. Gedenktag für die, die im letzten Jahr gestorben sind. Im Gottesdienst werden noch einmal ihre Namen genannt. Gräber werden besucht. Nach einem alten Brauch des Totengedenkens können wir ihnen an unseren Tischen Gedecke auflegen, als Zeichen dafür, dass wir sie gerne bei uns zu Gast hätten. Dass wir mit ihnen teilen möchten, was wir haben, dass uns ihre Gemeinschaft fehlt.

Wie oft wird uns der Abschied schwer gemacht. Wenn er zu früh verlangt wird. Wenn wir gar nicht die Chance hatten loszulassen, weil der andere uns mit Gewalt entrissen wurde. Und schwer wird der Abschied erst recht, wenn wir zu sicher leben. Es für ganz selbstverständlich nehmen, dass ist, was ist, und bleibt, was ist. Das Leben ist nicht selbstverständlich. Und Abschiede gehören zum Leben dazu.

Unsere Vorfahren, ein, zwei Generationen zurück, wussten das noch genauer als wir. Sie hatten eine schöne Kultur des Abschieds, indem sie einander segneten. Auch beim letzten großen Abschiednehmen im Tod spielte der Segen eine Rolle.

In einer altertümlichen Wendung ist die Erinnerung daran noch aufgehoben: „Er hat das Zeitliche gesegnet." Das sagte man über den guten, das heißt, den erwarteten Tod eines Menschen. Es ist eine schöne Redewendung, deren Gehalt uns verloren gegangen ist. Wir benutzen die Worte manchmal noch, wenn ein Gegenstand kaputtgegangen ist, eine Uhr oder die Spülmaschine ausgedient hat. Die hat das Zeitliche gesegnet, sagen wir dann.

Ursprünglich stehen die Worte für etwas anderes. Wer stirbt, wer sich der Abschiedssituation bewusst und mit Einverständnis stellen will, der segnet das Zeitliche. Er segnet also das, was er nun zurücklassen muss, seinen Besitz, seine Heimat, sein Leben. Und vor allem nimmt er die geliebten Menschen in seinen Abschiedssegen mit hinein, die ohne ihn weiterleben werden.

16

Der Pfarrer und Autor Jörg Zink hat einmal auf die ursprüngliche Bedeutung dieses Wortes hingewiesen. Wer das Zeitliche segnet, so schreibt er, „... der schaut alles noch einmal dankbar und freundlich an. Er wendet seine abnehmenden Kräfte den Zurückbleibenden zu und gibt ihnen seine Liebe mit auf ihren Weg. Er gönnt ihnen ihre weitere Zeit. Er wünscht ihnen Glück. Er vertraut sie der Güte Gottes an. So schließt er sein Leben in Liebe ab. Und wird dabei zuletzt noch das Schönste, das er werden kann: ein Mensch, von dem Segen ausgeht."

Das ist ein schöner Gedanke: Dass von Menschen, die gestorben sind, Segen ausgeht für die, die weiterleben. Dieser Segen begleitet uns, er kann unsere Entscheidungen lenken. Er umgibt uns wie ein schützender Mantel auf unserem Weg durch die Zeit. Bis es an uns ist, das Zeitliche zu segnen.

Helwig Wegner

Hals- und Beinbruch

„Na dann, Hals- und Beinbruch!", das haben mir schon viele Menschen gewünscht. Und jedes Mal war ich wieder unsicher, wie das wohl gemeint ist. Natürlich wünscht mir nicht wirklich jemand, dass ich mir den Hals breche und das Bein. So ein Halsbruch, das wäre ja mein Tod! Genau das Gegenteil ist gemeint. Jemand verabschiedet sich von mir und wünscht mir „Hals- und Beinbruch", wünscht mir, dass ich bei dem, was ich vorhabe oder neu beginne, keinen Schaden nehme. Dass ich bewahrt werde, dass alles gut geht. Warum sagt das keiner so?

In einem Buch über die jiddische Sprache habe ich eine Erklärung für diesen merkwürdigen Ausdruck gefunden. Als die jiddische Sprache, die Alltagssprache der mittel- und osteuropäischen Juden, in Deutschland noch ganz selbstverständlich auf den Straßen und Plätzen zu hören war, da wünschte man sich auch „hazlacha u berucha". Das heißt wörtlich übersetzt „Erfolg und Segen". Und so wurde dieses „hazlacha u berucha" auch von denen nachgesprochen, die den Sinn der Worte nicht wirklich verstanden und sie nur aus der Erinnerung nachsprachen, so wie sie sie im Ohr hatten. Mit der Zeit ist dann aus „hazlacha u berucha", Erfolg und Segen, „Hals- und Beinbruch" geworden.

Das Empfinden für den richtigen Sinn ist erhalten geblieben, obwohl die deutschen Worte genau das Gegenteil sagen. „Hals- und Beinbruch" das ist der Wunsch, dass gesegnet sei, was ich vorhabe, und von Erfolg gekrönt.

Ich wundere mich, dass dieser versteckte Segenswunsch bis heute in unserer Alltagssprache erhalten geblieben ist, wo doch sonst vom Segen eher selten die Rede ist. Ich vermute, dass uns diese etwas verdrehte Formel leichter über die Lippen geht, weil wir uns nicht mehr sicher sind, was genau Segen ist, wo und wie Segen wirkt, *ob* Segen überhaupt wirkt.

Ein Segenswort hat seinen Platz oft in Abschiedssituationen, an der Schwelle zu etwas Neuem. Wünsche wie „Gott segne dich" oder „Gottes Segen zum Geburtstag" greifen der Zukunft vor. Sie wollen Mut machen und bewirken Zuversicht und die Gewissheit, nicht allein auf die eigene Kraft vertrauen zu müssen.

Wer jemandem den Segen Gottes wünscht, sagt selbst weiter, was Gott versprochen hat: Gott begleitet uns mit seinem Segen. Wer jemandem den Segen Gottes wünscht, der begleitet einen anderen auf der Schwelle zu etwas Neuem weiter, als es einem Menschen alleine möglich ist.

So spannt der Segenswunsch einen Bogen hinweg über einen Abschied oder eine Grenze hin in eine Zukunft, von der heute noch nicht zu sagen ist, was sie bringen wird. „Hazlacha u berucha", Hals- und Beinbruch, das ist der Wunsch: Du sollst Erfolg haben. Gott begleite dich mit seinem Segen.

Peter Kristen

2 Auf eigenen Füßen

Vom Aufschreiben

In meinem Keller steht ein Pappkarton. Voll mit handgeschriebenen Heften. Das älteste aus der Mitte des vorigen Jahrhunderts, von einer Tante Julie, die immer aufschrieb, wie sie geschlafen hatte. Dann Aufzeichnungen meiner Mutter, als Witwe, als Bewohnerin eines Seniorenheimes, hin- und hergerissen zwischen Dankbarkeit und Trauer. Und schließlich große schwarze Hefte mit roten Ecken, deren gelblich-linierte Seiten ich selbst mit eiliger Handschrift füllte. Ja, ich führe Tagebuch. Wann hat das angefangen?

In meiner Erinnerung sehe ich ein kleines Mädchen vor mir. Acht Jahre alt, mit blonden Zöpfen, in einem großen Garten. In diesem Garten fühlt es sich sicher. Sich sicher fühlen ist nicht selbstverständlich. Es ist der Garten der Tante. Das Kind ist hier vor wenigen Monaten mit Sack und Pack angekommen. Es hat den Bombenkrieg in der Großstadt hinter sich und ist gewöhnt, überall wo es hinkommt, zuerst den Fluchtweg in den Luftschutzkeller zu suchen. Nachts will es nur bei Licht schlafen, weil es die brennenden Städte nicht vergessen kann. Die Frau, die ohne Kopf an ihm vorbeigetragen wurde. Die Stahlkirche, die in einer Nacht dahinschmolz, als sei sie aus Gelatine.

Das Kind hatte begriffen: Leben ist lebensgefährlich. Man kann es nicht lieben. Zu groß sind Jammer und Angst. „Lieber Gott", sagte es jeden Abend, „nimm mich zurück. Ich kann es nicht mehr aushalten."

Nun aber, in diesem Garten, wenige Monate nach Kriegsende, geschieht etwas Wunderbares. Das Kind macht die Augen auf und sieht: Die Welt ist schön. Die Sonne scheint, das Haus liegt im Mittagsschlaf, duftend berankt das Geißblatt den alten Schuppen, die Stockrosen stehen Spalier, im grünen Laub locken die späten Kirschen, die weiße Henne erhebt sich gackernd vom Nest. Das Kind fühlt sich durchflutet von einer großen Liebe.

22

In diesem Moment hat es nur einen Gedanken: Das schreibst du in dein Buch. Das willst du nie wieder vergessen. Das Leben ist schön. Es ist nicht nur Angst und Bomben und Schmerzen und Verlust. Es ist reich.

Damals hatte das Kind noch gar kein „Buch". Es hatte gerade mal eine Schiefertafel. Aber es hatte den festen Vorsatz, schreibend das Leben festzuhalten. Um zu spüren: ich lebe.

Heute sind Tagebücher für mich wie ein tragbares Zuhause. Sie gehören ins Reisegepäck und können an jedem Ort geführt werden. Am liebsten schreibe ich im Bett, vor dem Einschlafen, nach dem Aufwachen, mit Bleistift, mit Kugelschreiber. Auf Schönheit kommt es nicht an, weder in Schrift noch in Wortwahl.

Die englische Schriftstellerin Virginia Woolf hat das Tagebuch einmal mit einem tiefen, alten Schreibsekretär oder einer großen Reisetasche verglichen, in die man unsortiert allerlei Krimskrams hineinwirft. Die Hoffnung ist, dass sich dieser Krimskrams über die Jahre zu einer Form verbindet, die, so Virginia Woolf, „durchsichtig genug ist, um das Licht unseres Lebens widerzuspiegeln".

Alte Tagebücher wiederzulesen kann eine anrührende, gelegentlich auch peinliche Erfahrung sein. Das bist du? So banal die Hoffnungen, so töricht die Schwüre? Doch das Kopfschütteln gehört dazu. Tagebücher sind wie Jahresringe. Du spürst, du bist gewachsen. Du bist lebendig. Gott sei Dank.

Gisela Brackert

Spieglein, Spieglein

Spieglein, Spieglein an der Wand – erinnern Sie sich? Ein bisschen von dem alten Märchen lebt in einem täglichen Ritual weiter. Ich schaue jeden Morgen in den Spiegel. Und finde darin mein Bild bestätigt. Das Bild, das ich in- und auswendig kenne. Linien, Sommersprossen, Fältchen, Schatten, Übergänge. Es zeigt mir manchmal die Anzeichen von Müdigkeit, oder es überrascht mich mit einem ausgeruhten, zufriedenen Lachen.

Das Spieglein an der Wand bekommt viele aufmerksame Blicke. Ich möchte doch zu gerne wissen, wie ich wirklich aussehe, wie die anderen mich wahrnehmen. Wenn man sich sein Gesicht schon nicht aussuchen kann, will man doch wenigstens ein bisschen mitbestimmen, wie man wirkt.

„Dem eigenen Spiegelbild zu glauben, das ist gerade der Irrtum", so sagte die deutsche Filmautorin Doris Dörrie in einem Interview. Denn der Spiegel wirft immer ein seitenverkehrtes, leicht verzerrtes Bild zurück. Das, was ich für mein wahres Gesicht halte, sehen die anderen immer ein bisschen anders. Ziemlich merkwürdig! Wie bin ich denn nun wirklich?

In der Antike benutzten die Menschen Metallspiegel. Geschliffenes Glas war noch nicht erfunden. Es war klar: Ein Spiegel, etwa aus poliertem Kupfer, reflektierte das eigene Gesicht nur in Andeutungen. So konnte der Spiegel zwar als Symbol für eitle Selbstbetrachtung gelten, aber es blieb stets ein Rest. Etwas Geheimnisvolles, das nicht ganz aufgehellt und klar gezeigt wurde. Der Apostel Paulus hat deshalb das Spiegelbild mit einem dunklen, rätselvollen Wort verglichen, das man nicht auf Anhieb versteht.

Sind wir heute weiter mit unseren superklaren Kristallspiegeln? Sind wir weiter mit der Erkenntnis unserer Welt, unseres Lebens? In vieler Hinsicht schon. Heute muss keiner mehr einfach so an Masern oder Diphtherie sterben, wenigstens in unseren Breitengraden. Wir wissen viel: wie man erfolgreich wirtschaftet und relativ friedlich leben kann. Und nebenbei versuchen wir noch schnell die Frage zu klären, wie das mit dem Glücklichsein geht. Diese Entschlüsselungen bedeuten auch Entzauberung: Unser Leben erscheint so wie ein ausgeleuchtetes Gesicht im klaren Spiegel.

Trotzdem bleiben Rätsel. Woher kommt es, dass sich einer verliebt? Warum kann man ersehntes Glück, wenn es sich endlich einstellt, nicht dauerhaft haben? Wieso werden wir aneinander schuldig, obwohl es doch eigentlich keiner will? Warum müssen manche Menschen elend sterben, obwohl sie sich doch in ihrem Leben bewährt haben? An Wissen, an Informationen sind wir unendlich reicher als die Menschen zur Zeit des Paulus und Jesu. Die Rätsel, die Geheimnisse sind jedoch geblieben. Jede Generation beginnt immer wieder von vorne, mit den offenen Fragen des Lebens und seinen Rätseln umzugehen. Der Dichter Rainer Maria Rilke hat in einem Trostbrief an einen Bekannten den folgenden Rat formuliert: „Ich möchte Sie, so gut ich es kann, bitten, Geduld zu haben gegen alles Ungelöste in Ihrem Herzen. Forschen Sie jetzt nicht nach den Antworten, die Ihnen nicht gegeben werden können. Leben Sie jetzt die Fragen. Vielleicht leben Sie dann allmählich, ohne es zu merken, eines fernen Tages in die Antwort hinein."

Die Fragen leben. Ich denke an den so hilflosen, aber weit verbreiteten Versuch, eine Krankheit völlig dadurch verstehen zu wollen, dass man sich alle medizinische Information bis ins letzte Detail verschafft. Wie wenig ist damit oft zu retten! Und wie viel wäre geholfen, gäbe man stattdessen den Fragen Raum: Wie kann ich jetzt mit einer Einschränkung, mit Schmerzen weiterleben? Was ist mein Leben noch wert? Wonach sehne ich mich? Solchen inneren Anfragen nachzugehen, den Rätseln nachzuspüren, aber nicht, sie vollends aufklären zu wollen: Das kann helfen, sich im eigenen Leben zu Hause zu fühlen.

Katharina Stoodt-Neuschäfer 25

Mein Name

Wie heißen Sie? Ihren Namen, bitte! Auf jedem Amt, bei jeder Bestellung im Geschäft werde ich nach meinem Namen gefragt. Und meistens nenne ich ihn dann auch, ohne weiter nachzudenken. Selten aber höre ich bewusst hin, wie mein Name klingt. Oder frage ich, woher er kommt. Klarer ist mir dagegen die Antwort auf die Frage, ob mir mein Name gefällt oder ob ich damals bei der Eheschließung meinen Geburtsnamen hätte behalten sollen.

Und der Vorname: Annemarie. Manchmal wüsste ich gern, warum meine Eltern mir ausgerechnet diesen Namen gegeben haben, ob sie bestimmte Wünsche und Vorstellungen dabei hatten. Der verstorbenen Tante gleichen Vornamens fühle ich mich besonders verbunden. Und jede Frau, die so heißt wie ich, kriegt von mir besondere Aufmerksamkeit. Natürlich habe ich auch schon überlegt, ob mir ein anderer Vorname besser gefallen würde.

Gern rege ich eine Besinnung auf den eigenen Namen an, wenn ich mit einer Gruppe ein neues Seminar beginne. Immer wieder bin ich tief beeindruckt davon, was die Beschäftigung mit dem eigenen Namen auslöst. Einander zunächst fremde Menschen kommen plötzlich ins Gespräch miteinander, tauschen sich über ihre Namenspatrone aus. Menschen, die lange zusammenleben, hören verblüfft, wie unglücklich der andere mit seinem Namen ist. Oder wie gern es eine Frau hat, mit ihrem richtigen Namen angesprochen zu werden statt mit der scheinbar niedlichen Kurzform. Eine Teilnehmerin erinnert sich voller Schmerz an die Lebenslüge ihres Vaters, der ihr den Namen seiner Geliebten gegeben hat. Ein anderer spürt die Last, den Namen des berühmten Onkels tragen zu müssen.

Im Musical „Westside-Story" von Leonard Bernstein singt ein Mann eine ganze Arie über den Namen seiner geliebten Maria. Man spürt, wie das Aussprechen des Namens ihn beglückt. Der vorher so unbedeutende Name hat plötzlich eine einzigartige Melodie. Der Mann singt ihn laut, er spricht ihn leise, wie ein Gebet. Er kann gar nicht aufhören, die Geliebte immer wieder beim Namen zu nennen. Und ich bin sicher, sie wäre glücklich, könnte sie ihrem Geliebten dabei zuhören.

Zwei Liebende, die gar nichts weiter tun, als sich immer wieder zärtlich bei ihrem Namen zu nennen. Zärtlich klingt auch das Wort, das Gott jedem und jeder Einzelnen zuspricht: „Ich habe dich bei deinem Namen gerufen."

Annemarie Melcher

Frida Kahlos Mut

Was ist eigentlich Mut? Eine Tugend, ein Charakterzug besonders starker Menschen? Kann man Kinder dazu erziehen, mutig zu sein? Sicher, aber es wird immer nur zum Teil gelingen. Für mich ist Mut auch ein Geschenk. Oder anders gesagt: Wer mutig ist, lässt sich beschenken. Wer zum Beispiel in einer schweren Situation verzweifelt und leidet, ist mutig, wenn er nicht ganz zumacht, sondern offen bleibt für Geschenke. Auch wenn er das, was er sich eigentlich wünscht, nicht bekommt.

Für solchen Mut gibt mir die mexikanische Malerin Frida Kahlo ein Beispiel. Die Künstlerin deutscher Abstammung wurde durch ihre Gemälde, vor allem ihre Selbstbildnisse berühmt. Frida Kahlos Porträts fallen auf, weil sie ihre Schmerzen malt. Sie zeigen, wie zerrissen sie ist und wie sie leidet. Auf einem ihrer Selbstbildnisse sieht man sie in einem orthopädischen Korsett. Ihr Körper steckt voller Nägel. Dieses Bild erzählt von dem schrecklichen Ereignis, das Frida Kahlos Leben grundlegend veränderte.

Das war 1925, in ihrem achtzehnten Lebensjahr. Sie fährt mit dem Schulbus nach Hause. Unterwegs stößt der Bus mit einer Straßenbahn zusammen. Frida Kahlo wird schwer verletzt, eine Metallstange durchbohrt ihr Becken. Die Folgen dieses Unfalls, Schmerzen und Krankheiten, begleiten ihr ganzes Leben. Sie muss sich immer wieder operieren lassen. Sie ist behindert. Eigentlich wollte sie Ärztin werden, nun beginnt sie zu malen. Einige ihrer Bilder sind im Krankenbett entstanden.

Frida Kahlos Gemälde faszinieren, weil sie Mut weitergeben. Sie zeigt in ihnen, wie sie damit ringt, ihre Gesundheit verloren zu haben. Zunächst hat sie den Unfall und auch Krankenhausaufenthalte gemalt. Später wählt sie häufig das Porträt. Sie schaut dann nicht auf das, was sie verloren hat, gesunde Beine und eine feste Wirbelsäule. Sie malt dann ihr Gesicht, die starken Augenbrauen, die ernsten dunklen Augen, den vollen Mund. Oder sie malt ihre ganze Person: Wie sie als Frau zwischen zwei Kulturen steht und ein Zuhause sucht, als Europäerin und Mexikanerin. Obwohl Frida Kahlo schwere Themen wählt, sind ihre Bilder immer auch schön und ein wenig erhaben. Für mich ist es das, was ihren Selbstbildnissen Würde verleiht, sie anmutig macht. Frida Kahlo zeigt, wie schön sie ist und überdeckt dabei nicht, wie sehr sie unter ihrer Krankheit gelitten hat. Sie wirbt mit ihren Bildern nicht um Mitleid, sondern darum, den Schmerzen Macht zu nehmen. Um offen zu bleiben für Geschenke. Ihr Geschenk war, dass sie malen konnte.

In schweren Tagen fällt es bestimmt nicht leicht, offen zu bleiben, um sich beschenken zu lassen. Deshalb wissen die, die Mut haben, wie es ist, wenn man niedergeschlagen und verzweifelt ist. Wenn man niemanden mehr sehen will und sich verkriecht. In diesen Momenten ist es ein Geschenk, sich zu öffnen. Sich vom Leben draußen, von Geräuschen, vom Wind begeistern zu lassen. Oder es zuzulassen, dass ein anderer Mensch einem nahe kommt. Manchmal kann man dann spüren, wie man mutig wird, wenn die Kräfte wiederkehren.

In solchen Momenten bin ich sehr dankbar. Sie sind Zeichen göttlicher Gnade. Sie haben eine lange Tradition. Schon die ersten Christinnen und Christen haben mit ihren Heilungsgeschichten Gottes Gnade bezeugt. Sie nannten das dann „Charis", was mit unserem Wort Charisma verwandt ist. Es bedeutet Geschenk, Gnade, Dank und Anmut. Alle vier Bedeutungen gehören zusammen.

Wer sich so beschenken lässt, ist mutig. Der Geist und der Körper, der ganze Mensch wird anmutig. Dann möchte man danken, weil man reich beschenkt ist.

Ilona Nord

Stell dich auf deine Füße

„Heute morgen bin ich mit dem falschen Fuß aufgestanden!"
Wer das sagt, meint damit, dass an diesem Tag nicht alles so
klappt, wie er es sich wünscht. Ich stelle mir bildlich vor, ich
würde mit dem falschen Fuß aufstehen. Das heißt, nicht mit
dem Fuß, der der Bettkante am nächsten ist. Ich merke, das
Aufstehen würde komplizierter. Aufstehen können ist nicht an-
geboren, wir müssen es erst lernen. Das Kind macht unzählige
Versuche, wenn es laufen lernt. Der junge Mensch muss auf eigenen Füßen stehen, wenn er erwachsen wird. Er wird selbstständig.

Es ist gar nicht so einfach zu stehen. Unser Gleichgewicht ist
labil. Der Körper muss immer wieder neu sein Gewicht ausba-
lancieren. Wir stehen auf unseren Füßen. Jeder Fuß besteht
aus vielen kleinen Knochen, die beweglich sind. Sie sind so zu-
sammengefügt, dass drei von ihnen den Boden berühren. Die
Füße tragen unser Gewicht und stellen den Kontakt zur Erde
her. Sie machen uns standfest.

Gerade stehen, das macht unser Menschsein aus. Das auf-
gerichtete Stehen gibt ein Gefühl von Würde. Die Aufrichtung
war ein wesentlicher Schritt in der Evolutionsgeschichte. Die
Griechen drücken das in ihrem Wort für Mensch aus. Anthro-
pos heißt der Aufwärtsschauende. Ich muss vor niemandem
buckeln. Ich kann zu mir stehen.

In der Bibel, im Buch Ezechiel steht der Satz: „Stell dich auf
deine Füße, ich will mit dir reden!" Gott spricht so mit dem Propheten Ezechiel. Das heißt: Nimm einen Standpunkt ein!
Richte dich auf! Steh zu dir! Ich will mit dir in Kontakt treten.
Der Religion wird manchmal der Vorwurf gemacht, sie würde
die Menschen un-selbst-ständig machen. Hier höre ich genau
das Gegenteil. Stell dich auf deine Füße!

Ich versuche es einmal. Ich probiere aus. Wie fühlt es sich
an, wenn ich meine beiden Füße ganz eng zusammenstelle?
Ich stehe dann etwas wackelig. Mich könnte leicht etwas um-

hauen. Ich versuche weiter. Was geschieht, wenn ich mich breitbeinig hinstelle? Ich spüre, dass ich unbeweglich werde. Wenn ich meine Position verändern will, werde ich schwerer in Gang kommen.

Stehen ist etwas Dynamisches. Im Sport spricht man von Standbein und Spielbein. Das Standbein sorgt dafür, dass ich fest auf dem Boden stehen kann. Das Spielbein kann ich frei aufsetzen. Ich kann experimentieren und meinen Oberkörper in unterschiedliche Positionen bringen. Ich kann auch einen Schritt einleiten. Ich spüre meine Kraft und Beweglichkeit. Das will ich mir merken: Es ist wichtig zu wissen, wo ich stehe. Aber ich muss auch kompromissfähig und beweglich bleiben.

Im Hebräischen bedeutet das Wort „glauben" festen Stand einnehmen. Das will ich üben: zu mir stehen, einen Halt haben. Gestalt annehmen. Ich lasse mich herausfordern von dem Satz: „Stell dich auf deine Füße! Ich will mit dir reden."

Claudia Orthlauf-Blooß

Weberschiffchen

Wie endlos kam mir als Kind die Zeit vor. Heute ist oft eine ganze Woche vorbei, und ich kann mich gar nicht erinnern, was alles gewesen ist. Ist ein Tag erst einmal vorbei, denke ich nur noch an den nächsten. „Schneller als das Weberschiffchen eilen meine Tage", beginnt ein Satz im Buch des Propheten Hiob aus dem Alten Testament. Wie gut dieser Satz mein Empfinden ausdrückt!

In einem Urlaub in Griechenland habe ich in einer Weberei einen Webstuhl gesehen. Längs waren viele dünne Fäden gespannt, die bewegten sich auf und ab. Mit einer unglaublichen Geschwindigkeit schoss das Weberschiffchen quer durch diese Fäden durch. Immer wieder hin und her. So schnell, wie mir die Zeit zwischen den Händen zu zerrinnen scheint. Erstaunlich, dass aus dem Fadengewirr am Webstuhl allmählich ein Muster wuchs, langsam, aber stetig. Wie, wenn mein Leben so ein Webteppich wäre? Jeder Tag fügt dann einen Faden hinzu. Schnell werden die Fäden durchgewoben, und trotzdem wächst der Teppich nur langsam. Welches Muster hat mein Teppich? Hat er überhaupt eines? Ein erkennbares Muster, das sich von oben bis unten durchzieht? Ob mein Teppich bunt wäre oder eher farblos? Er hat sicher deutlich erkennbare Abschnitte für die verschiedenen Lebensphasen. Erst im Rückblick lässt sich erkennen, wie der Teppich aussieht.

Die Vorstellung, dass die Tage meines Lebens alle zusammen einen Teppich ergeben können, tröstet mich. Das, was sonst zwischen den Händen zu zerrinnen scheint, ergibt auf einmal ein Ganzes. Und jeder Tag fügt etwas Neues hinzu. Auch, wenn es am Abend erst einmal nicht so aussieht. Es kann insgesamt ein schöner Teppich werden, egal, ob er kurz oder lang, klein oder groß ist.

Gabriele Fischer-Seikel

3 Miteinander auskommen

Deine Hände

Hände faszinieren mich schon, solange ich mich erinnern kann. Zum ersten Mal, ich weiß es noch genau, ist mir als kleines Kind an den Händen meines Vaters aufgefallen, wie sehr sie sich von meinen eigenen unterschieden. Mein Vater war damals sicher jünger, als ich es heute selbst bin. Die Adern auf seinen Handrücken waren deutlich sichtbar, die Finger im Verhältnis zur Handfläche länger – anders, als an meiner damaligen Kleinkinderhand. Ich fragte mich im Stillen, was wohl diese großen Veränderungen an einer Hand bewirkt hat. Und nahm mir fest vor, genau darauf zu achten, wann meine eigenen Hände sich verändern würden.

Vor einigen Wochen habe ich mich darüber mit meinem dreijährigen Sohn David unterhalten, als ich bemerkte, wie er vorsichtig und neugierig über meinen Handrücken strich. Ich war glücklich, Tränen stiegen mir in die Augen.

Hände sagen viel über uns aus. Über jede und jeden von uns und über uns als Menschheit. In unserer Stammesgeschichte sind die Herausbildung des menschlichen Gehirns und der Menschenhand untrennbar miteinander verbunden, sagen Anthropologen. Wir nutzen Fingerabdrücke zur Feststellung unserer Identität, weil keine zwei Menschen auf der Erde dieselben Abdrücke hinterlassen.

Jede und jeder von uns ist ein kostbares einzelnes Wesen mit seiner eigenen Geschichte. Vielleicht ahnen Kinder, die neugierig die Gesichter und Hände der Erwachsenen studieren, plötzlich etwas davon, fühlen, dass auch sie ihre eigene Geschichte haben und ihr eigenes Leben, dass sie bis dahin nur im Verbund mit anderen kennen gelernt haben.

Im 128. Psalm steht der Satz: „Du wirst dich nähren von deiner Hände Arbeit – wohl dir, du hast's gut." Wir sind, wie wir sind, durch das, wie wir handeln und wie wir behandelt werden. Und darunter verstehe ich auch unser Denken und Fühlen. Die Bibel mutet und traut uns unglaubliche Selbstentwicklungsfähigkeit und Selbstständigkeit zu. Sie will uns als freie Menschen.

Aber stimmt das denn, können wir uns im weitesten Sinne aus uns selbst nähren, wie es der Psalm sagt?

Das erste Wort des Psalmverses heißt: „Du". Wir brauchen ein Du, um selbst jemand werden zu können. So wie ein Kind die Hand eines Erwachsenen sehen muss, um sich der Unterschiedlichkeit seiner eigenen Hand bewusst zu werden. Und zugleich gilt: Jede und jeder von uns hat seine eigenen Hände. Wir können uns mit diesen Händen festhalten und loslassen, uns helfen oder schaden, uns streicheln oder schlagen. Wir können uns das Leben zur Hölle machen oder es uns miteinander wohnlich einrichten. Was auch immer wir tun oder lassen, es zeichnet sich in unserem Leben ein und hinterlässt seine Spur, so wie in den Händen erwachsen werdender, alt werdender Menschen. All diese Spuren zusammen sind das Bild der Arbeit unseres Lebens.

Dass unser Leben gelingen wird, dass wir uns, wie es im Bild des Psalmes heißt, von unseren Händen wirklich nähren können, dafür gibt es keine Garantie. Es würde auch dem Geschenk der Freiheit, das uns bei der Geburt in die Hand gelegt wird, fundamental widersprechen. Es ist eine Verheißung, eine Art Segen, den wir uns bei allem Zweifel und Selbstzweifel gegenseitig immer wieder sagen können und sollen, um uns zu stärken für alles, was uns auf unserem Lebensweg begegnet.

Ich wünsche Ihnen, dass Sie heute eine Hand finden, die Sie halten können und die Sie hält. Gott möge schützend seine Hand über uns alle halten.

Hans-Christoph Stoodt

Lass dich überraschen

Seit Jahren kauft sich eine meiner Bekannten ihre eigenen Geschenke. Sie wünscht sich ein Paar Ohrringe, beim Geburtstag liegen sie auf ihrem Gabentisch, selbst gekauft. Ihr Mann lacht dazu: „Ich kann doch nicht hundertprozentig ihren Geschmack treffen", sagt er und beschränkt sich darauf, Kerzen, Kuchen und Sekt vorzubereiten. Für beide ist das anscheinend ganz praktisch. Erwartungen werden erfüllt. Man beugt Enttäuschungen vor.

Das selbst organisierte Geschenk ist Mode geworden. Hochzeitstische, Wunschlisten zur Konfirmation oder zu Weihnachten haben wirklich etwas Gutes. Man muss einfach nicht viel nachgrübeln, was das richtige, das einzig passende Geschenk wäre. Und man ist auf der sicheren Seite: Das Geschenk ist auf jeden Fall willkommen. Es stand ja auf der Liste.

Schade um das, was bei dieser nützlichen Geschenkmethode verloren geht. Die Überraschung, die auch etwas von einer Zumutung an sich hat. Wer etwas schenkt, hat von dem anderen ein bestimmtes Bild. Und dazu etwas Passendes zu finden – eine neue CD, ein spannendes Buch, Schmuck, ein Tuch, Karten für ein Konzert, auch wenn man nicht exakt den Geschmack des Beschenkten trifft: Vielleicht gibt ihm gerade dieses Geschenk einen Anstoß, die eigene Sicht von sich selbst zu erweitern. Nie hätte man sich selbst Karten ausgerechnet für dieses Konzert, für diesen Kinofilm gekauft. Aber nun kann man das ja mal ausprobieren. Die Überraschung wirkt noch weiter. Wer weiß, vielleicht entwickelt man sich zum Kinofan? Oder entdeckt plötzlich durch das unerwartete Geschenk, dass man Freude an schönem Schmuck oder einer bestimmten Musikrichtung hat.

Ist das Schenken selbst nicht eine Art Begabung? Dem anderen eine Freude zu machen, rührt an den Sinn des Lebens. Damals, als wir mit tapsigen Schritten auf einer Wiese die ersten Blumensträußchen pflückten zum Entzücken der Erwachsenen, die sie gerührt entgegennahmen, als geknetete und gebastelte Geschenke im Kindergarten entstanden, oder als ein erstes, grellbuntes Kritzelbild gemalt und mit viel Tesa zusammengeklebt und mit strahlenden Augen als Geschenk überreicht wurde: Das waren erste Überwindungen menschlicher Selbstbezogenheit. Geschenke sind Symbole liebevoller Beziehung, die schon ein Kind versteht: Ich bekomme nicht nur etwas, ich kann auch etwas geben. Dass ich etwas herzugeben vermag, zeichnet mich aus.

So bleibt es ein Leben lang. Wer sich die Freiheit nimmt, ein wirklich persönliches Geschenk zu machen, der tut auch etwas für sich selbst. Schenken können ist ein Glückserlebnis. Dass ich genug habe, nicht krampfhaft festhalten muss, was mir gehört: Beim Schenken merke ich es erst! Dass ich mit meiner Fantasie verschwenderisch sein darf, wenn es darum geht, den anderen zu überraschen. Ich kann dem anderen etwas andichten mit meinem Geschenk, hinzufügen zu seinem Wesen. Etwas, das ich ihm wünsche.

So ahme ich ein wenig den Urheber meiner Begabung nach, Gott. Er hat sich mich und dich und diese Welt erdacht. Ihm hat es gefallen, mir das Leben zu schenken. Auch die Fähigkeit, das mit anderen zu teilen, was ich bin und habe.

Katharina Stoodt-Neuschäfer

Einsiedlerkrebs

In den letzten Jahren werde ich immer wieder durch die Nachricht von irgendwelchen Trendforschern erschreckt, dass bei uns die Tendenz zur Stubenhockerei zunimmt. Die viel gerühmte und so wichtige Freiheit des Einzelnen und seine Autonomie scheint eine grausige Kehrseite zu haben. Sie kann, so scheint es, Menschen überfordern. Sie trauen sich nicht, sich auf andere zuzubewegen. Außerhalb ihres eigenen Bereiches fühlen sie sich verletzbar, ungeschützt, unsicher. Aus Furcht, den Ansprüchen anderer nicht zu genügen, nicht gut genug auszusehen, nicht flott genug reden zu können, bleiben sie im Schutz der eigenen Wohnung. Hier kann ihnen nichts passieren, glauben sie. Aber gerade hier, wo sie sich sicher fühlen, vereinsamen sie auch.

Manchmal beschleicht mich das Gefühl, dass wir den Einsiedlerkrebsen ähnlich sind. Das ist dieser schlaue Wasserbewohner, der sich zum eigenen Schutz in verlassene Schneckengehäuse zurückzieht. In unzähligen Krebs-Generationen hat er sich so weit seinem Haus angepasst, dass er sich darin feststemmen kann. Niemand kann ihn da herausholen, wenn er das nicht selber will. Eher lässt er sich in Stücke reißen. Sein Haus ist sein Schutz, sein lebenswichtiger Besitz. Sein Schneckenhaus verlässt der Einsiedler eigentlich nur dann, wenn es ihm zu klein geworden ist. Dann ist aber schnell ein neues gefunden und wird besiedelt. Eigentlich ein schönes und sicheres Leben eines klugen Tieres.

Wäre da nicht ein Schwamm. Eine bestimmte Schwammsorte setzt sich ausschließlich auf solche Schneckengehäuse, in denen die Einsiedlerkrebse wohnen. Sie wachsen da oben drauf und werden immer größer. Gelb-rötlich überziehen sie bald das ganze Schneckenhaus. Und schließlich überwuchert der Schwamm auch den Eingang. Wenn der Krebs diese Gefahr nicht rechtzeitig erkennt und das Haus nicht noch schnell verlässt, sitzt er wie in einem Gefängnis fest. Eine Zeit lang kann er sich mit den Spitzen einer Schere noch Nahrung hereinholen, schließlich geht auch das nicht mehr. Der Einsiedlerkrebs verhungert.

Wie viel Ähnlichkeit haben wir mit den Einsiedlerkrebsen: Wir stellen es ausgesprochen klug an in unserem Leben, dass wir sicher, selbstständig und unabhängig von anderen leben können. Manchmal entsteht genau dadurch ein Problem. Oft merken wir es erst mal nicht. Zu sicher fühlen wir uns in unserem Gehäuse, zu bequem leben wir vor uns hin. „Bevor ich mich mit anderen lange rumstreite, mach' ich doch lieber die Tür hinter mir zu und hab' meine Ruhe! Zu Hause kann ich tun und lassen, was ich will!"

Auf Dauer geht das nicht gut – wie wir von den Krebsen wissen. Da legt sich uns irgendwann etwas schwer und quer vor die Tür. Immer mühseliger wird der Weg raus ins Freie. Und irgendwann ist es auch damit aus.

Robert Jungk, der österreichische Publizist und Zukunftsforscher, hat gesagt: „Der Weg in die soziale Isolation wird erleichtert durch die Umwelt, die Schneckenhäuser aller Art für den Menschen bereitstellt." Und die Sozialpsychologen verraten uns, dass in unserer Zeit immer mehr Menschen unter ihrer Einsamkeit leiden. Was lässt sich dagegen tun?

Eine alte biblische Tugend ist die Nächstenliebe. Diese Tugend ist stärker als ihre Feindin, die Isolation. Wer seine Nächsten liebend in den Blick nimmt, der lässt sie nicht vereinsamen. Der holt sie raus aus ihrem Schneckenhaus, aus ihrer Isolation, die sie manchmal aus eigener Kraft nicht mehr verlassen können. Gehe ich auf andere zu, suche das Gespräch, biete ihnen an, ihnen nahe zu sein, dann habe ich zugleich etwas gegen meine eigene Einsamkeit getan.

Helwig Wegner

39

Jan, obdachlos

„Was braucht es, um in Zeiten der Not zu überleben?" Diese Frage stellte ich Obdachlosen in Frankfurt am Main. Jeden Morgen kommen etwa 100 Wohnsitzlose zu Frühstücksrunden in die Liebfrauenkirche. Was braucht es, um zu überleben? Die Männer, die ich ansprach, waren sich schnell einig. Eine verlässliche Adresse! Wenn man ganz allein steht und viele nur verächtlich auf einen herabschauen, dann braucht es einen Freund, einen Verbündeten, auf den man sich verlassen kann. Sozialämter und Hilfssysteme mit ihren Fachleuten sind wichtig. Aber noch wichtiger ist die gute Adresse. Auf Menschen des Vertrauens kommt es an.

Jan ist ein „Tippelbruder". Ein evangelischer Pfarrer ist sein Freund. Tag und Nacht darf er bei ihm anrufen. Der Pfarrer hat keinen Telefonanrufbeantworter. Jan ist obdachlos, und was er hat, das ist nicht viel. Um genau zu sein, er besitzt nichts, bis auf das, was er am Körper trägt. Einen Anzug, geflickt und dreckig, das Hemd, wenn man das noch Hemd nennen will. Jan ist ein Tippelbruder, und was er hat, ist eine ganze Menge. Er hat etwas, was ich noch bei keinem Menschen sah. Er hat eine Zahl auf dem linken Handrücken eintätowiert. Eine längere Zahl mit Schrägstrich dazwischen. Und die Null am Anfang zeigt: Es ist eine Telefonnummer. Wenn Jan einmal ordentlich getankt hat, und er liegt irgendwo auf der Parkbank und die Leute fischen ihn auf, kann er oft nicht einmal seinen Namen sagen. Aber eins kann er, den Leuten seine linke Hand vors Gesicht halten. Die wählen die Nummer, und es meldet sich ein Pfarrer, sein Pfarrer. Jan hat eine sichere Adresse.

Jan ist ein Tippelbruder, und was er hat, das ist Vertrauen. Vertrauen zu einem Menschen. Zehnmal war er schon dort oder achtzehnmal, und noch keinmal wurde ihm die Tür gewiesen. Solange diese Nummer nicht verloren geht, ist Jan nicht verloren. Auf Menschen des Vertrauens kommt es letztlich an.

Der Mensch ist nicht als Single, als Einsiedler erschaffen. „Es ist nicht gut für den Menschen, dass er allein bleibt", sagt die Bibel. „Einer für den andren", das ist die Sehnsucht unserer Tage, wo so viele versuchen, allein über die Runden zu kommen. Ich brauche wenigstens einen Freund, einen Verbündeten. Wenn keiner im Notfall für mich den Finger krümmt, wie soll ich leben?

Einer für den andren, das gibt es täglich und nicht nur für Geld. Wenn einer Überstunden macht und seinen kranken Kollegen entlastet. Wenn einer den Fehler eines andren auf sich nimmt und schweigt. Wie sollte unsere Gesellschaft existieren können, wenn nicht einer für den andren eintritt? Sozialhilfe, Fachleute, Ärzte, Gesprächstherapien, all das ist wichtig. Aber auf Menschen des Vertrauens kommt es an. Auf die gute Adresse, wo ich Tag und Nacht anklopfen darf.

Vielleicht greifen Sie heute zum Telefon und rufen einen Menschen an, der auf Sie wartet. Vielleicht ist der Anruf wichtiger als das nächste Rezept, das der Arzt verschreibt. Denn die beste Medizin für den Menschen ist der Mensch.

Erich Purk

Geflüstert

Ach, du liebe Güte. Ich bin aufgewacht nach unruhigem Schlaf und kriege keinen Ton heraus. Kehlkopfentzündung. Tagelang hatte es schon im Hals gekratzt, aber nun ist es ganz aus. Die Stimme ist weg. Ich kann nur noch flüstern, und selbst das ist unangenehm.

Die Familie nimmt es zunächst belustigt zur Kenntnis. Eine flüsternde Mama fällt niemandem mit Ermahnungen auf die Nerven und wiederholt auch nicht ständig irgendwelche Aufträge. Aber im Lauf des Tages werden auch Nachteile sichtbar. Die Mama kann nichts vorlesen. Sie kann nicht ans Telefon gehen. Sie erzählt nichts. Und sie kann kein liebes Wort sagen. Außerdem ist die Mama unzufrieden. Denn sie kann sich nur mit Mühe verständlich machen. Sie fühlt sich gebremst und in den normalen Abläufen beeinträchtigt. Ein Glück, dass wenigstens die Augen und die Ohren funktionieren. Ein Glück auch, dass nach ein paar Tagen alles wieder ausgeheilt ist.

Nur ein paar Tage lang war ich „nicht bei Stimme". Diese vergleichsweise harmlose Erfahrung lässt mich ahnen, was es bedeutet, sprachlos zu sein. Sprachlos aus körperlichen Gründen. Oder sprachlos, weil es jemandem die Sprache verschlagen hat, wenn es keine Worte mehr gibt für die Schmerzen der Seele. Oder wenn es keine Worte mehr gibt, weil das Erlebte so unfassbar, so unaussprechlich ist. Ohne Worte ist es schwer, mit anderen in Kontakt zu sein. Natürlich ist die Körpersprache ein starkes Ausdrucksmittel. Aber sie ist nicht immer eindeutig, sie bräuchte manchmal ein paar deutende Worte, um Missverständnisse zu beseitigen. Wer keine Worte findet für seinen Kummer, bleibt damit auch einsam und isoliert.

Jesus hat Ohren und Zunge eines Taubstummen berührt und gesagt: Öffne dich! Da öffneten sich nicht nur die Sinnesorgane des Taubstummen. Der ganze Mensch öffnete sich, der auf einmal richtig hören und richtig reden konnte. Der vorher isoliert war und wie eingemauert in der Stille, der macht sich jetzt verständlich. Er nimmt Kontakt zu seiner Umgebung auf, und die Menschen verstehen ihn endlich. Er kann jetzt zuhören und versteht endlich die anderen.

Verstehen und verstanden werden, das ist eine der wichtigsten Erfahrungen im Leben, wenn man nicht ersticken will an Einsamkeit und Isolation. Es ist schön, wenn jemand sagt: Komm, erzähle!

Jesus berührte den Taubstummen und sagte damit: Komm heraus aus deinem inneren Gefängnis. Schau nach draußen. Sieh einmal hin, dort gibt es Menschen, denen du erzählen kannst. Und dort gibt es Menschen, denen du zuhören kannst. Du musst nicht länger einsam und allein bleiben. Du sollst nicht länger in dir selbst gefesselt sein. Ab sofort sollst zu leben!

Martina Patenge

Ökumene

Als Zehn-, Elfjähriger hatte ich eine Altersgenossin aus der Nachbarschaft, mit der ich viel Zeit im Freien beim Spielen verbrachte. Dass sie im Gegensatz zu mir evangelisch war, interessierte mich natürlich nicht. Nur an bestimmten Tagen trennten sich unsere Wege, und wir nahmen auch kleine Sticheleien auf, die damals zwischen Evangelischen und Katholiken üblich waren.

Ich ging treu und brav als Ministrant bei der Fronleichnamsprozession mit, sie stand am Straßenrand und grinste. Sie nahm mit ernster Miene an der Konfirmation ihres Bruders teil, ich grinste beim feierlichen Einzug in die Kirche nicht weniger. Einmal müssen wir uns wohl heftig gestritten haben, meine Mutter hörte bei geöffnetem Fenster zu. Den Anlass des Streites weiß ich nicht mehr. Auf dem Höhepunkt des Streites hat die Freundin ein Schimpfwort aus dem Oberhessischen gebraucht und mit der Konfessionsbezeichnung verbunden. „Katholische Missgeburt", rief sie wohl. „Noch mehr Missgeburt", muss ich wohl geantwortet haben, „du bist ja evangelisch".

Nun, die evangelische Missgeburt ist heute Oberstudiendirektorin mit großer Familie, die Freundschaft zwischen uns hält bis heute an. Die Zeit, in der solche Streitigkeiten möglich waren, sind lange vorbei. Heute, in Zeiten geschrumpften Christentums, stehen die Konfessionen zusammen. Inzwischen haben Evangelische und Katholiken gelernt, dass sie das Allermeiste und das Wesentliche im Glauben eint. In den Punkten, die sich früher als Gegensätze darstellten, ist man sich heute, nach geduldiger, zäher Arbeit der Theologen, nahe gekommen. Erst recht gilt das im praktischen Miteinander.

Da kann man nur sagen: Gott sei Dank, dass alles so gekommen ist. Katholiken dürfen dankbar sein, dass es eine Reformation gegeben hat und mit ihr evangelische Gemeinden entstanden sind, die immer wieder daran erinnern, dass sich die Kirche am Evangelium messen lassen muss. Evangelische dürfen dankbar sein für die Existenz der katholischen Kirche, die bis heute mit großer Beharrlichkeit und Beständigkeit die christliche Sache vertritt und sich nicht so leicht aus der Bahn werfen lässt. Jede christliche Gemeinschaft hat ihren Auftrag, und zusammen ergeben diese ein buntes, vielfältiges Bild. Angesichts einer zusammenwachsenden Welt ist es nicht gut, wenn die Kirchen in vielem doch noch eigene Wege gehen. Es ist vor allem nicht gut, wenn die Gläubigen sonntags und feiertags verschiedene Kirchen aufsuchen. Links grüßt der evangelische Kirchturm, rechts der katholische, dazwischen liegen, etwas unauffällig meist, die Gottesdiensträume der freikirchlichen Gemeinden. Christliche Kirchen reden erst dann überzeugend mit einer Stimme vor der Welt, wenn sie auch gemeinsam Gottesdienst halten, vor allem gemeinsam das Abendmahl oder die Messe feiern.

Dass dies noch nicht so weit ist, hat natürlich Gründe, die die Kirchen noch untereinander klären müssen. Gemeinsames Tun, wie zum Beispiel die ökumenische Gebetswoche kann dazu beitragen, dass das Ziel einer einzigen christlichen Kirche bald Wirklichkeit wird.

Harald Wagner

Glockenspiel

Auf unserem Kirchturm hängen drei Glocken. Sie sind unterschiedlich groß, verschieden alt und schwer. Eine davon ist über 200 Jahre alt. So lange erklingt sie schon über dem Dorf, alleine oder mit den anderen zusammen. Viele Menschen im Dorf finden das Glockengeläut schön, ich auch.

Als ich kürzlich mit Jugendlichen auf dem Kirchturm war und wir gesehen haben, wie die Glocken läuten, haben sie für mich eine weitere Bedeutung gewonnen. Bevor der erste Ton erklingt, muss die Glocke in Bewegung gesetzt werden. Früher zog der Kirchendiener am Seil, um sie ins Schwingen zu bringen. Heute macht das ein Elektromotor. Erst wenn die Glocke richtig in Schwung ist, wenn sie ihren Rhythmus gefunden hat, beginnt sie zu läuten. Wenn sie ganz ausschwingt und den höchsten Punkt ihrer Bewegung erreicht, schlägt der Klöppel an, und es erklingt ihr Ton. Jede der drei Glocken auf unserem Turm hat ihren eigenen Rhythmus. Die kleine schwingt schneller als die behäbige große. Ihr Ton ist heller und erklingt in derselben Zeit häufiger.

Mit uns Menschen ist das ähnlich. Jede und jeder hat einen eigenen Takt und Lebensrhythmus. Wer den findet, ist mit sich selber im Einklang. Jemand, der mit sich selbst einig ist, wird auch nach außen gute Klänge abgeben. Wenn ich aber meinen eigenen Rhythmus nicht finde, wie soll dann ein guter Klang herauskommen? Eine Glocke in ihrem Hin und Her zu stören oder gegen ihre Bewegungsrichtung zu stoßen, würde sie aus dem Takt bringen und das Geläut zerstören. Nur elendes Geschepper käme dabei heraus.

Am meisten hat mich der Augenblick fasziniert, in der die Glocke zwischen Hin- und Herschwingen stehen bleibt. Dieser Moment der Ruhe, in dem sie den höchsten Punkt erreicht, der ihre Bewegung in Ausmaß und Zeit bestimmt. Das ist in unserem Leben auch so. Jeder von uns braucht die Zeit zum Ausschwingen, den Augenblick der Ruhe.

Wie oft werden wir in unserem Rhythmus gestört oder stören andere Menschen. Da kommt mir etwas in die Quere, und schon geht die Hetzerei los. Oder ich treibe meine Kinder an, sie sollen gefälligst schneller machen, obwohl ich genau weiß, dass dieses Gedrängel gar nichts bringt. Wenn ich dann alle auch noch mit demselben Maßstab messe, so tue, als wären sie gleich schnell, groß, stark oder klug, verliere ich den Blick für ihre Unterschiedlichkeit. Dabei haben sie aber ein Recht darauf, in ihrer unterschiedlichen Art beurteilt und in ihrer Einzigartigkeit gesehen zu werden.

Auf unserem Kirchturm hängen eben nicht drei gleiche Glocken mit derselben Größe, demselben Takt und Ton. Erst wenn sich jede nach ihrem Maß bewegt und anschlagen kann, ergeben sie ein Geläut, das harmonisch klingt. Auch dann, wenn unter Menschen jede und jeder den eigenen Rhythmus findet und danach leben darf, entsteht eine gute Gemeinschaft. Eine solche Gemeinschaft versöhnter Vielfalt ersehnen wir alle. Die Bibel nennt das Frieden, Schalom.

Ulf Häbel

Neandertaler

In Shanidar im heutigen Irak lebten in der Eiszeit Neandertaler. Ihr Zuhause war eine Höhle. Als Nahrung nahmen sie erjagtes Wild, Insekten, Pilze, Früchte und Wildgemüse zu sich.

Eine Gruppe dieser Neandertaler hatte einen Behinderten in ihrer Mitte. Er konnte seinen rechten Arm nicht gebrauchen. Er war ihm oberhalb des Ellenbogens amputiert worden. Zum Lebensunterhalt der Gruppe konnte er offenbar nicht viel beitragen, aber die anderen hatten ihn gesund gepflegt, und er wurde wohl über viele Jahre von ihnen mitgetragen. Er starb etwa 40-jährig durch einen Unfall, dessen Ursache vermutlich ein Erdbeben war. Ahnungslos wurde er, am Feuer in seiner Höhle sitzend, von herabstürzenden Steinen erschlagen. So fanden ihn Archäologen 46 000 Jahre später. Sie entdeckten auch, dass Angehörige seiner Gruppe seinen Leichnam an Ort und Stelle mit weiteren Geröllbrocken bestattet und dann Blüten auf sein Grab gestreut hatten.

Ganz so primitiv, wie wir uns die Urmenschen bisweilen vorstellen, waren sie wohl doch nicht. Wenn man bedenkt, zu welchen Lieblosigkeiten Menschen heute bisweilen gegenüber Behinderten fähig sind, könnte man sogar sagen: Von den Neandertalern lernen heißt lieben lernen.

Hanno Heil

4 Wie Gott sich zeigt

Gottes Spuren

Ich glaube, dass Gott in Ihrem und in meinem Leben seine Spuren hinterlässt, dass in Ihrem und in meinem Leben etwas zu entdecken ist von ihm. Allerdings ist es nicht selbstverständlich, solche Entdeckungen zu machen. Sie fallen einem nicht in den Schoß. Wir müssen erst die Kunst des Suchens lernen.

Mir ist das aufgegangen, als mich ein kundiger Freund in eine Ölschiefergrube mitgenommen hat, um dort Versteinerungen von Pflanzen und Tieren aus grauer Vorzeit zu entdecken. Zuerst war der Geologenhammer mein einziges Instrument: Schieferplatten abschlagen, sie kurz und prüfend anschauen, zur Seite legen, wieder den Hammer zur Hand nehmen, schlagen, kurz schauen, wieder und wieder. „So wirst du nie was finden", mit diesen Worten hat mein Freund mir erst einmal mein Werkzeug aus der Hand genommen. Und hat einige der Platten noch einmal genauer betrachtet, die ich längst aussortiert und als unergiebig zur Seite gelegt hatte. Schon alleine die Art und Weise, wie er sie in die Hand nimmt, wie eine Kostbarkeit. Er streicht die Platte ab, mit der Hand und mit einem feuchten Schwamm, bläst sie trocken, wendet sie hin und her, damit sich das Licht in unterschiedlichen Winkeln auf ihr spiegeln kann. Er nimmt eine dünne lockere Schicht vom Gestein weg, er schaut und prüft wieder. Dann entdeckt er und zeigt mir, was wir beide gesucht haben und entdecken wollten: Ein Schneckenhaus zum Beispiel oder Teile eines Insekts. Leise, vorsichtig, behutsam, gleichzeitig sorgfältig und gründlich ist das Ganze geschehen.

Seit dem Gang in die Ölschiefergrube ahne ich etwas von der Kunst des Suchens. Diese Kunst ist eine Voraussetzung dafür, Entdeckungen zu machen. Sie hat sich als hilfreich erwiesen, wo es darum ging, Fossilien zu entdecken, Versteinerungen von Leben, das längst vergangen ist. Und sie wird sich erst recht als hilfreich erweisen, wo es darum geht, eigenes gelebtes und gegenwärtiges Leben wahrzunehmen und die Spuren Gottes in ihm zu entdecken. Wahrscheinlich muss uns erst jemand den Hammer aus der Hand nehmen, mit dem wir unser Leben grob bearbeiten, mit dem wir seine unterschiedlichen Zeiten und Orte herausschlagen wie Gesteinsplatten, sie flüchtig anschauen und als unergiebig beiseite legen. „Meine Kindheit war schwer. Und später wurde es auch nicht leichter. Was ist schon dran gewesen an meinem Leben?" Es muss uns jemand unterbrechen bei diesen zwar verständlichen und dennoch groben und oberflächlichen Einschätzungen. „Was kostbar ist und was deine ganze Aufmerksamkeit und dein Staunen verdient, das wirst du so nicht finden!"

Und dann beginnen wir hoffentlich, die weggelegten, ausgemusterten Fragmente unseres Lebens wieder aufzuheben, sie noch einmal ganz anders in die Hand zu nehmen, sie behutsam und liebevoll anzuschauen. Auf einmal sehen wir, was sich dem ersten Blick verborgen hat und sich jedem abschätzigen Blick verbergen wird: In einem Buch ein vergilbtes Kalenderblatt mit einem Spruch, der mir damals wohl wichtig war und mir heute vorkommt wie ein Schlüssel zu meinem Leben. Ein paar Klänge eines alten Schlagers, und das Glück der ersten Liebe ist fast wieder Gegenwart. Und dass ich damals, als es mir schlecht ging, nicht allein war, sondern eine Hand sich auf meine legte – Fundstücke, schon jedes einzelne für sich genommen eine kleine Kostbarkeit.

Ich glaube, dass Gott in Ihrem und in meinem Leben Spuren hinterlässt. Ich wünsche Ihnen, dass Sie liebevoll und behutsam auf Entdeckungsreise gehen und die eine oder andere dieser Spuren finden. Ich bin mir sicher: Wir werden in unserem Leben unser Glück nicht *machen*. Wir werden unser Glück *finden*.

Hans Erich Thomé

Gott gerneklein

Der Mensch ist gerne groß. Gott ist gerne klein. Der Schweizer Dichter und Pfarrer Kurt Marti hat mit den Worten gespielt und in einem seiner Gedichte dem Gernegroß Mensch den „gott gerneklein" gegenübergesetzt. Das ist ein ungewöhnliches Bild. Und manchen ärgert diese überraschende Gegenüberstellung vielleicht.

Der Allmächtige, der Schöpfer von Himmel und Erde, der Herr der Heerscharen – wir sind es gewöhnt, Gott groß zu denken, übergroß und übermächtig. So groß, dass unsere Vorstellungskraft dafür nicht ausreicht. Die Menschen vor 3000 Jahren haben sich Gott größer und gewaltiger als alle anderen Mächte und Gottheiten gedacht. Wenn sie sich im Gebet an ihn gewandt haben, dann konnte die Anrede so klingen: „Unser Gott, du großer, mächtiger und furchtbarer Gott ..." An einer anderen Stelle wird die komplette Erde als Fußschemel Gottes bezeichnet.

Und nun kommt in unserer Zeit einer und sagt: „Gott gerneklein". Ist das Gotteslästerung? Dass Menschen sich selber gerne groß denken und fühlen, wissen wir. Unsere Machtfantasien kennen keine Grenzen, Größenwahn hat schon oft genug in Katastrophen geführt. Wahrscheinlich haben die Menschen deswegen Gott so unendlich groß gedacht. Wenn sich Gott vom Menschen unterscheidet, so dachte man, dann wohl darin, dass er wirklich so groß ist, wie wir es gerne wären. Es könnte sein, dass das ein Trugschluss ist. Es gibt handfeste Anzeichen dafür, dass Gott viel lieber klein als groß ist.

„Gott will im Dunkel wohnen", hat Jochen Klepper 1938 geschrieben. Er kann sich mit dieser Sicht der Dinge auf das Neue Testament berufen. Dort gibt es Sätze über Jesus, die dazu passen. „Er erniedrigte sich selbst" steht da einmal. Er machte sich kleiner, als er war, heißt das. Er hätte es nicht nötig gehabt, so zu leben und so zu sterben. Die Menschen haben sich mit dieser Selbsterniedrigung Jesu schon immer recht schwer getan. Immer wieder wurde und wird das angesprochen. Wenn er Gottes Sohn ist, hätte er doch andere Möglichkeiten gehabt, diese Welt zu verändern!?

Es gibt dazu eine Geschichte im Neuen Testament, in der der Teufel mit Jesus spricht. Und der Teufel spielt genau darauf an: „Du hast doch alle Macht Gottes und damit alle Gewalt auf der Erde! Also demonstriere das doch mal, bitteschön! Spring' von der Tempelmauer in die Tiefe, Gottes Engel werden dich schon tragen! Mach' aus Steinen Brot, ach was, herrsche über die ganze Erde, alle Reiche der Welt kannst du haben." Jesus, der Sohn Gottes, widersteht der Versuchung, der Teufel zieht sich frustriert zurück. Nachzulesen im Evangelium des Matthäus. Groß zu sein, sich groß zu machen, das scheint eine teuflische Versuchung zu sein. Wir kennen sie gut: groß rauskommen im Beruf, groß dastehen im Freundeskreis. Oder zumindest mit guten Beziehungen zu den großen Figuren angeben können. Der Mensch ist gerne groß.

Nach Kurt Marti ist Gott nun nicht gerne noch größer, sondern das Gegenteil: „gerneklein". Gott lässt sich mit den Kleinen ein, und Gott ist selber gerne klein. Ich freunde mich mehr und mehr mit dem Gedanken an. Weil das, was klein ist, eine eigene Stärke hat. Was klein ist, ist zwar gefährdet. Es wird schnell übersehen. Oft wird das Kleine auch nicht für ganz voll genommen. Und viel zugetraut wird ihm auch nicht. Doch oft genug müssen wir überrascht feststellen, dass wir die Lage falsch eingeschätzt haben, dass wir das Kleine unterschätzen. Wer ahnt denn, dass ein Grashalm oder der Löwenzahn in der Lage ist, den Asphalt aufzusprengen? Wer würde einem Kind zutrauen, dass es das Herz eines Griesgrams zum Lachen bringt? Wer glaubt, dass ein leises Lied einen Soldaten im Krieg zum Weinen bringen kann? Und doch, das alles gibt es. Eben: weil Gott gerne klein ist.

Helwig Wegner 53

Alltagswunder

Ich glaube, dass es Wunder gibt und dass sie jeden Tag geschehen. Heute gehört nicht viel dazu, so etwas laut zu sagen. Heutzutage sind Wunder fast wieder „in", nachdem sie einige Jahrzehnte lang ziemlich außer Mode waren. Zum modernen, aufgeklärten Menschen und zu einer wissenschaftlich erforschten Welt schienen sie überhaupt nicht zu passen. Inzwischen sind die Illustrierten wieder voller absonderlicher Geschichten, voller Ereignisse, die offensichtlich die Naturgesetze Lügen strafen.

Ob es ein Wunder dieser Art war, das dem Volk Israel damals in der Wüste begegnet oder zugestoßen ist, will ich erst einmal offen lassen. Es geschah jedenfalls, als sie sich auf ihrem langen, mühseligen Weg aus der Sklaverei ins verheißene Land befanden. Mitten in der Wüste waren ihre Vorräte zu Ende gegangen. Mit dem Hunger und dem Durst wuchs die Unzufriedenheit. Und dann kam das Wunder: Am Abend fielen Wachteln vom Himmel und bedeckten den Boden ihres Lagers. Und am Morgen lagen kleine weiße Bröckchen auf der Erde, essbar und nahrhaft. Als die Leute fragten: Manhu? Was ist das? ... hatte diese unerwartete Speise schnell ihren Namen: Manna.

Was sich anhört wie aus dem Märchen vom Schlaraffenland, wo einem ja bekanntlich das gebratene Geflügel in Mundhöhe entgegenfliegt, ist alltäglicher und normaler, als es scheint. Wachteln sind Zugvögel, die sich im Frühjahr auf den Weg nach Norden begeben. Nach langem Flug sind sie am Ende ihrer Kräfte. Sie brauchen dann eine mehrstündige Rast. Während dieser Zeit sind sie leicht zu fangen. Noch heute machen sich die Menschen in Ägypten, in der Negev-Wüste und auf der Sinai-Halbinsel, diesen Umstand zu Nutze. Sie fangen die Wachteln und verzehren sie als besondere Delikatesse.

Und Manna? Manna ist nichts anderes als die Absonderung eines Strauches in der Wüste. Dieser Strauch wird häufig von Schildläusen befallen und gestochen und sondert daraufhin ein Sekret ab. Es ist zuerst flüssig, aber in der Kühle des Morgens verhärtet es sich zu kleinen weißen Kugeln und fällt auf die Erde. Eine ganze Menge nahrhafter und gesunder Stoffe sind in diesen Kugeln enthalten.

Wo ist also das Wunder? Wo die Sensation? Wo werden die Naturgesetze außer Kraft gesetzt? Fehlanzeige. Alles ganz normal – und trotzdem ein Wunder, dass Menschen aufmerksam wurden und aufmerksam werden auf die Wohltaten, die gerade in schwierigen Zeiten Gott längst in ihrer Nähe für sie bereit hat. Manhu? So fragten die Frauen und Männer des Volkes Israel. Manhu? Was ist das? Es ist kein außergewöhnliches Schauspiel, vielleicht auch kein „medienrelevantes Ereignis", sondern etwas Alltägliches vor meinen Füßen und vor meinen Augen.

Beispiele für solche Wunder gibt es reichlich jeden Tag. Dass mein innerer und äußerer Griesgram von einem freundlichen Lächeln entwaffnet wird, dass unsere Kinder, trotz allem und wegen manchem, was war, liebenswürdige Menschen sind. Manhu? Was ist das? Alltägliche Wunder. Leicht zu übersehen. Aber wert, entdeckt zu werden.

Und die Wunder des Glaubens? Sie sind nicht anders. Ich denke an die Frau, die vor einem halben Jahr als Beifahrerin einen schweren Unfall überlebt hat. Ihr Mann, der am Steuer saß, ist an den Folgen dieses Unfalls gestorben. Vor wenigen Tagen hat sie zum ersten Mal gewagt, sich das Auto der Tochter zu borgen und am Steuer die erste kleine Tour für sich allein zu machen. Wie sie selbst die Kraft nennt, die ihr diesen Sprung nach vorn in die eigene Zukunft ermöglicht hat? Mut, Zutrauen zum Leben, Glauben? Ich weiß es nicht. Es kommt auch gar nicht darauf an, wie wir es nennen. Es ist Nahrung von Gott, damit wir leben können. Es ist ein Wunder.

Hans Erich Thomé   55

Exodus

Auf dem schnellsten Weg wollten sie heraus aus dem Land, wo sie als Sklaven lebten, wollten dahin, wo es ihnen wirklich gut gehen sollte, dorthin, wo Milch und Honig fließen. Ich rede vom Volk Israel und seinem Weg von Ägypten in die Heimat. Und ich rede von all denen, die es auch so erlebt haben und erleben, die heraus müssen aus ihrer Art von Sklaverei, aus ihrer Misere, aus ihrem Ägypten. Das ist zum Beispiel eine Beziehung, in der die beteiligten Menschen eher untereinander leiden als miteinander leben. Oder ein Arbeitsplatz, an dem nur noch die Alternative besteht, sich zum Sklaven machen zu lassen – oder zu gehen. Vielleicht ist es auch nur die Einsicht, dass ich mir nur dann selbst treu bleibe, wenn ich mir zumute und zutraue: Ich finde heraus aus den ewig eingefahrenen Gleisen meines Lebens. Es gibt einen neuen Weg für mich. Und ich kann ihn gehen.

Dann gehen Menschen los. Zusammen oder alleine. Sagen ihrer Sklaverei „Auf nimmer Wiedersehen", kommen heil durch das Rote Meer, überwinden, manchmal wie durch ein Wunder, die größten Hindernisse, die sich ihnen in den Weg stellen. Und schließlich landen sie in der Wüste. Unversehens stehen sie wieder mitten drin im Elend, dem sie doch gerade entkommen waren. Die Vorräte, die sie mitgenommen haben, gehen zur Neige oder verderben in der Hitze. Sie leiden unter ständigem Hunger, Durst setzt ihnen zu. Und bald melden sich die ersten Zweifel, sie greifen schnell um sich, werden lauter: „Haben wir es wirklich richtig gemacht, dass wir weggegangen sind von dort, wo wir Sklaven waren? Dass es uns dort gut gegangen ist, kann man ja nicht sagen. Aber zum Leben hatten wir genug. Wären wir doch an den Fleischtöpfen Ägyptens geblieben! Wollte Gott, wir wären geblieben."

Der Weg aus der Sklaverei hinein in das Land der Hoffnung führt durch die Wüste. Und aus der Perspektive der Wüste sieht das alte Leben manchmal nicht aus wie Sklaverei, sondern eher wie das Paradies. Ich habe dabei den Mann vor Augen, der es im Alter von 53 Jahren leid geworden ist, sich immer und immer wieder vergeblich um eine Stelle zu bewerben. Er ist aufgestanden und hat einen neuen Weg eingeschlagen. Er hat sich selbstständig gemacht. Aber der Anfang ist schwer. Schulden drücken ihn. Und die Aufträge tröpfeln am Anfang mehr, als dass sie fließen. Wüste eben.

Ich denke an die Frau, die es einfach satt hatte, sich ständig demütigen zu lassen. Und die nun ihren Weg alleine geht, eher zaghaft als entschlossen. Sie hat Probleme damit, so oft alleine zu sein. Und es fällt ihr schwer, neue Kontakte zu knüpfen. Die Augenblicke werden häufiger, wo sie sich eingesteht: So kann es nicht weitergehen. Ich bin wie in der Wüste. Weit entfernt von allem, was mich ernähren und mir Kraft geben könnte.

Und die kritischen Fragen bleiben bei beiden nicht aus: Bin ich nicht doch den einen Schritt zu weit gegangen? Hätte ich nicht doch bleiben sollen, wo ich war?

Und Gott spricht zu Mose: „Ich höre, wie unzufrieden das Volk ist. Sag ihnen, sie sollen Fleisch zu essen haben und vom Brot sollen sie satt werden." Und so war es dann auch. Die Menschen fanden Wachteln und Manna. Gott gibt Nahrung unterwegs. Er nimmt nicht den kargen Boden weg oder die Trockenheit. Oder die Sonne, die uns sticht. Er macht aus einer Durststrecke kein Paradies. Aber er gibt uns Nahrung. Nahrung unterwegs. Und wir finden sie. Manchmal überraschenderweise dort, wo wir sie nicht suchen: Vielleicht ein Mensch, der zuhören kann und der einen guten Rat gibt. Vielleicht eine Geste, ein Geschenk, ein Lied. Wir kommen zu Kräften und stehen auf und gehen. Gehen unseren Weg, auch durch Wüsten hindurch, in das Land, auf das wir hoffen.

Hans Erich Thomé

Glauben und wissen

Kann man Glauben lernen? Vielleicht haben Lehrer und Pfarrer in früheren Zeiten zu viel Vertrauen in solch eine Lernfähigkeit der Menschen gesetzt. Wie anders ist es sonst zu erklären, dass viele aus der älteren Generation leise aufstöhnen, wenn man sie auf ihren Konfirmandenunterricht anspricht. Wir mussten so viel auswendig lernen! Das fällt ihnen zuerst ein. Und manchmal ist das auch schon die ganze Erinnerung. Schade! Gewiss ist manch alter Mensch stolz auf das, was er auch im hohen Alter noch aufsagen kann. Und schön ist es, wenn jemand, wenn es darauf ankommt, ein Bibelwort oder einen tröstlichen Liedvers von Paul Gerhardt im Gedächtnis hat. Aber bei vielen überwiegt doch der Verdruss, und anderen hat das Auswendiglernen überhaupt den Weg zum Glauben verschlossen. Glauben heißt doch, in der Botschaft der Bibel einen Halt und eine Orientierung im Leben zu finden, in Augenblicken, wo es schwer ist, neue Kraft zu schöpfen. Glauben ist etwas anderes als eine Gedächtnisleistung.

Inzwischen ist das Auswendiglernen ziemlich aus der Mode gekommen, nicht bloß im Konfirmandenunterricht. Viele Pfarrerinnen und Pfarrer erteilen einen lebensnahen und aufgeschlossenen Unterricht, wo Kinder viel erleben, miteinander über Lebensfragen sprechen, moderne Lieder singen, kleine Aufgaben übernehmen, sich auch spielerisch Geschichten der Bibel aneignen. Aber gelernt, so wie früher, wird da wenig. Und so kann es Pfarrerinnen und Pfarrern schon passieren, dass sie sich beim Elternabend fragen lassen müssen, ob das Lernen bei dieser Art Unterricht nicht zu kurz komme. Schließlich sollen die Mädchen und Jungen nachher wissen, was Glauben bedeutet, heißt es dann. Die Fragen der Eltern sind wichtig. Nur wenigen Menschen ist es gegeben, über den Glauben mit eigenen Worten zu sprechen. Wir brauchen die kurzen Verse, Formeln und Texte der Bibel und des Gesangbuches und des Katechismus. Damit wir wissen, wovon wir reden, wenn wir vom Glauben reden. Selbst für Menschen, die sich davon losgesagt haben, ist es gut, über Christentum und Kirche einigermaßen Bescheid zu wissen, gerade heute, wo uns jeden Tag auch andere Religionen begegnen.

Als es zu seiner Zeit um den Aufbau der evangelischen Kirche ging, schrieb Martin Luther seinen Kleinen Katechismus. Das ist das kleine Büchlein, in dem er in einem Frage- und Antwortspiel die fünf Hauptstücke des christlichen Glaubens erklärte: die Zehn Gebote, das Glaubensbekenntnis, das in jedem Gottesdienst gemeinsam gesprochen wird, das Vaterunser und die beiden Sakramente Taufe und Abendmahl. Vier Jahrhunderte lang haben evangelische Christen als Kinder damit ihren Glauben kennen gelernt. Es ist, wenn man es richtig gebraucht, bis heute mit das beste Lehrbuch des Glaubens für Kinder und Eltern. Luther wusste natürlich genau: Letztlich kann man Glauben nicht lehren und nicht lernen. Dass ein Mensch Gottvertrauen gewinnt, ist und bleibt ein Geschenk oder – mit dem alten Wort – eine Gnade. Aber ohne kennen zu lernen, was Menschen seit alters und bis heute vom Glauben erfahren haben, wird niemand dieses Geschenk verstehen und würdigen können. Wenn wir Kindern Gutes tun wollen, werden wir versuchen, ihnen nahe zu bringen, was man vom Glauben wissen kann.

Gerhard Wendland

Feiern auf Stroh

Weihnachten, das Fest der Familie: Ist es nicht eigentlich eine Frauensache? Frauen sind es, die das Festessen vorbereiten, Geschenke einkaufen und mit viel Liebe eine weihnachtliche Atmosphäre in die Wohnungen bringen. Darum wird das Weihnachtsfest gerade für Frauen zu einer Art Bewährungsprobe: Habe ich auch an alles und alle gedacht? Wird es schmecken? Genügt, was ich mir ausgedacht habe? Und vielleicht auch: Hoffentlich reichen meine Kräfte, damit ich selbst auch etwas von dem Fest habe.

Damit einem kurz vor dem Heiligabend nicht die Puste ausgeht, hilft ein Blick in die Weihnachtsgeschichte. Genauer: auf die weibliche Hauptfigur, auf Maria. Keineswegs eine Frau, bei der alles wie am Schnürchen läuft. Kaum ist deutlich, dass sie ein Kind erwartet, überlegt sich ihr Verlobter Josef, sie sitzen zu lassen. Dann bleibt er doch bei ihr. Aber das bedeutet für Maria, hochschwanger die anstrengende Reise nach Bethlehem auf sich zu nehmen. Die Geburt findet in einer provisorischen Unterkunft statt. Und später, als das Kind größer wird, kann sie sich nicht als Mutter eines wohlgeratenen Sohnes glücklich schätzen. Sie muss miterleben, wie andere ihren Erstgeborenen ablehnen oder sogar für verrückt halten. Und am Ende steht sie unter seinem Kreuz und sieht den Sohn sterben. Sie selbst wird wohl manch mitleidigen oder hasserfüllten Blick abbekommen haben. Makellos ist ihr Leben jedenfalls nicht verlaufen.

Man täte ihr geradezu etwas an, sie einzig auf die Rolle der perfekten Frau, gar einer Heiligen festzulegen. Maria war ein einfaches Mädchen von etwa 15 Jahren. In diesem Alter wurden Mädchen damals verheiratet. Wenn sie dennoch durch die Weihnachtsgeschichte ins Zentrum unserer religiösen Überlieferung gerückt wurde, dann nicht wegen ihrer einmaligen Heiligkeit, auch nicht wegen ihrer übergroßen Demut.

Vielmehr, weil sie als normaler Mensch bereit war, Gott zu vertrauen und das Kind, von dem der Engel zu ihr spricht, als von Gott verheißen anzunehmen.

Gott hat Maria nicht deswegen ausersehen, weil sie ohne Fehl und Tadel war. Und sie? Selbst nachdem sie wusste, dass ihr Kind „Sohn des Allerhöchsten" genannt werden sollte, blieb sie sozusagen auf dem Teppich. Weder forderte sie von anderen besondere Anerkennung, noch verlangte sie von sich selbst Übermenschliches.

Das gefällt mir an Maria. Sie anzuschauen, sich an sie zu erinnern, hilft, den inneren Erfolgsdruck vor dem Heiligabend auf ein menschliches Maß abzusenken. Es muss nicht alles makellos sein, was wir für andere mit viel Überlegung und Hingabe herrichten. Maria hat ihr Kind eben ins Stroh gelegt, weil kein Kinderbett vorhanden war. Das musste nicht nur genügen, es war genug!

Beneidenswert, diese innere Ruhe. Vielleicht aber gar nicht so unerreichbar. Maria als ermutigendes Bild für uns. Wenn nämlich etwas schief gehen sollte oder nicht alle Wünsche hundertprozentig in Erfüllung gehen, muss das die Freude am Weihnachtsfest nicht zerstören. Auch wir dürfen wie Maria eine Ecke haben, wo wir uns mit Stroh zufrieden geben und fröhlich feiern.

Katharina Stoodt-Neuschäfer

Gott auf Rezept

Wer danach sucht, was einen gesund und lange leben lässt, dem werden nicht nur biologisch unbedenkliches Gemüse und Bewegung an frischer Luft empfohlen. In Zeitschriften werden immer wieder auch die positiven Wirkungen der Religion benannt: Wer glaubt, lebt gesünder. Wer betet, wird älter, heißt es da. Das will man durch Statistiken herausgefunden haben. Vielleicht ist das auch nicht überraschend. Wer einen Sinn für sein Leben gefunden hat, ist widerstandsfähiger gegenüber seelischen und körperlichen Erkrankungen.

Nur: Während man das Gemüse kaufen kann und der tägliche Spaziergang eine Frage der Disziplin ist, wird sich bei der angestrebten Glaubenstherapie erst einmal Ratlosigkeit breit machen. Denn Gott gibt es nicht auf Rezept und nicht am Marktstand. Man kann mit dem Glauben auch nicht einfach beginnen wie mit einem Fitness-Programm. Was also tun, wenn man sich die positiven Effekte des Glaubens sichern will?

Wer so fragt, hat schon verloren. Beim Glauben geht es nicht um eine berechenbare Logik nach dem alten Geschäftsmuster: Wenn du dies bekommen willst, musst du jenes investieren. Glaube ist nicht kalkulierbar. Er wird auch nicht verdient. Glaube wird geschenkt. Das Vertrauen, von einem lebendigen Gott begleitet und gehalten zu werden, das kann ich spüren, erfahren, am Anfang vielleicht auch nur erahnen. Glaube hat mehr von einem Geschenk als von einem erarbeiteten Verdienst. Das schließt nicht aus, dass es auch harte und schwierige Auseinandersetzungen und Kämpfe um den Glauben geben kann, vielleicht sogar geben muss. Sie helfen mir, ihn in schwierigen Zeiten zu bewahren. Aber noch einmal die Frage: Woher kommt der Glaube?

Menschen, die glauben können, berichten, dass es für sie am Anfang andere gegeben hat, die glauben konnten. Und es klingt fast so, als hätten die ihnen von ihrem Gottvertrauen ein bisschen abgegeben. Die Großmutter, die mit dem kleinen

Mädchen zusammen gebetet hat, hat für die erwachsene Frau, die das Mädchen jetzt ist, den Anfangspunkt des eigenen Glaubens gesetzt. Der Mann, der sich neulich taufen ließ, erzählte vom Glauben seiner Freunde, der ihn in eine innere Bewegung versetzt hat, bis er selbst soweit war, dass er sein Glaubensbekenntnis sprechen konnte.

Menschen machen mit ihrem Glauben natürlich sehr unterschiedliche Erfahrungen. Aber ich glaube, eines ist ihnen gemeinsam. Das ist wie eine selbstbewusste Gelassenheit, zu der diese glaubenden Menschen gefunden haben. Sie erzählen, dass sie mehr und mehr und immer leichter in die Dinge und Entwicklungen einwilligen können. Sie stehen mit ihrer Situation nicht mehr alleine da. Glauben zu können heißt ja, mit Gott als lebendigem Gegenüber zu rechnen. Das ist wohl der Grund für das, was ich Gelassenheit nenne: Gott geleitet mich, er schenkt mir Kraft, und er ist vor mir auf dem Weg.

Wer glaubt, tut das natürlich nicht, um gesünder zu leben. Trotzdem: Wer glaubt, lebt anders. Denn die große Angst ist weg. Die Angst, dass der Tod das Letzte ist und alles entwertet, was ich bin. Und zugleich die nicht geringere Angst, dass ich immer und ewig das bleiben muss, was ich bin, nämlich ein ziemlich unvollkommenes Exemplar Mensch, mit allem Möglichen behaftet, was die Bibel Sünde nennt.

Martin Luther sagt das so: „Glaube heißt, dass einer durch ein unmöglich Ding hindurchbrechen soll. Er geht hinein ins Meer, als wenn kein Wasser da wäre, in den Tod, als wenn kein Tod da wäre, und fällt Christus um den Hals, als wenn es niemals Sünde gegeben hätte."

Was hatten die Statistiker herausgefunden? Wer glaubt, lebt länger! Vielleicht haben sie recht damit. Aber Luthers Einsicht scheint mir wirklich bedeutsamer zu sein: Wer glaubt, stirbt, als wenn kein Tod da wäre.

Helwig Wegner   63

Kopfkissen aus Stein

Von einem Menschen auf der Flucht möchte ich erzählen, von einem rastlosen Menschen und wie er wieder zur Ruhe kommt. Ich meine Jakob, von dem ziemlich am Anfang der Bibel die Rede ist. Seinem alten und fast blinden Vater hatte er den Segen für den Erstgeborenen regelrecht abgeluchst und damit seinen älteren Bruder Esau betrogen. Das Spiel geht nicht auf. Der Betrug lässt sich nämlich nicht lange verbergen, und Esau erfährt, was geschehen ist. Jakob sieht keinen anderen Ausweg als zu fliehen, zu fliehen vor seinem eigenen Bruder. Eine unruhige Zeit beginnt für Jakob. Ständig ist er unterwegs von einem Nachtlager im Freien zum nächsten. Und immer mit dem ängstlichen und fahrigen Blick des Menschen, der eingeholt werden könnte von dem, der ihn verfolgt. Was für ein Leben!

Menschen auf der Flucht, das ist nicht selten. Vielleicht nicht auf staubigen Straßen mit Nachtlagern im Freien, obwohl es das leider immer noch viel zu oft gibt. Ich meine Menschen, die vor Konflikten weglaufen, die sie selbst verursacht haben oder in die sie hineingeraten sind, ohne wirklich zu wissen, wie. Und dann wachsen ihnen die Konflikte über den Kopf. Sie schaffen es nicht mehr, damit fertig zu werden. Menschen laufen weg vor der eigenen Schwester, dem eigenen Bruder, den eigenen Eltern, den eigenen Kindern, weil sie nicht mehr wegräumen können, was sich an Ballast zwischen ihnen aufgestaut hat. Sie fliehen vor Anklagen und Vorwürfen und enttäuschten Gesichtern. Aber zu fliehen, das ist meistens keine gute Lösung. Denn Fluchtwege haben kein Ziel und kein Ende, und die Ruhepausen sind nur kurz.

Jakob jedenfalls kommt während seiner Flucht an einen Platz, an dem er über Nacht bleiben will, denn die Sonne ist untergegangen. Als Unterlage für seinen Kopf nimmt er einen Stein, der dort herumliegt. Auf Steinen lässt sich nicht gut ruhen. Aber wer auf der Flucht ist, schläft ja wie auf Steinen.

Dem einen oder der anderen wird das eigene weiche Kissen schon vorgekommen sein wie ein harter Stein, wenn schlaflose Stunden zu Ewigkeiten werden.

Seltsam allerdings: Jakob findet Schlaf auf seinem harten Kissen. Er schläft, und im Traum sieht er eine lange Leiter, die von der Erde bis zum Himmel reicht. Oben am Ende der Leiter sieht er Gott stehen, der ihn, Jakob, anschaut und zu ihm sagt: „Ich bin mit dir und ich will dich behüten, wo du auch hingehst, und ich will dich wieder zurückbringen, denn ich will dich nicht verlassen."

Ein Mensch auf der Flucht stellt fest, dass er vor einem überhaupt nicht fliehen kann und nicht fliehen muss: vor Gott. Dort, wo er sich abends schlafen legte und nicht wusste, ob er seinem Feind entkommen kann, da wacht er morgens auf und weiß, dass er schon längst eingeholt ist. Denn hier ist Gott. Auch im entlegensten Winkel, auch am einsamsten Ort: Hier ist Gott. Es ist egal, wo ich bin – Gott ist in meiner Nähe. Und Jakob nimmt den Stein, auf dem er die Nacht geschlafen und geträumt hat, und macht ein Denkmal daraus. Gut, dass ein Mensch nicht erst umkehren muss, um das zu erfahren. Gut auch, dass Gott seine Nähe nicht an die unterschiedlichsten Bedingungen knüpft: Zuerst musst du dies oder jenes in Ordnung gebracht haben, erst dann helfe ich dir. Das gilt ohne jeden Vorbehalt: Ich will dich nicht verlassen!

Achten Sie einmal auf die Steine in Ihrem Leben, die Steine, die Sie manchmal am Tage drücken und die Sie auch in der Nacht nicht zur Ruhe kommen lassen. Vielleicht können Sie aus ihnen mehr machen als ein schlechtes Ruhekissen. Zum Beispiel ein Denkmal dafür, dass Gott auch den Menschen auf der Flucht nahe ist. Zum Beispiel einen Stein der Erinnerung. Der Erinnerung daran, dass er versprochen hat: Ich will dich nicht verlassen!

Hans Erich Thomé 65

Die Seele leuchtet

„Was ist denn eigentlich die Seele?", fragt Lena im Religionsunterricht. Wir sprechen über den 23. Psalm. Da heißt es an einer Stelle: Der Herr erquicket meine Seele. Schon das Wort „erquicket" ist den Kindern ganz fremd. Aber es lässt sich leicht mit „erfrischen, gut tun" erklären. Aber nun „Seele". „Die Seele, das ist das Herz", ruft Niklas. „Quatsch, das Herz kann man doch fühlen, und der Arzt kann es operieren. Das ist nicht die Seele", erwidert Anja. „Alle Menschen haben eine Seele. Aber wo ist sie? Irgendwo in uns drin muss sie ja sein." Peter sieht mich nachdenklich an. „Papa sagt, wenn wir in Urlaub fahren und die Nachbarin unsere Katze Mitzi zu sich nimmt: Die gute Seele! Haben nur Frauen eine Seele?" Niklas widerspricht: „Die Seele hat wirklich mit dem Herz zu tun. Unser Hausmeister, der baut uns doch die Stelzen für die Pause, der hat ein gutes Herz, also auch eine gute Seele!" Alle nicken: Die Seele ist im Herzen. Sie können es nicht erklären, aber sie sind sich sicher.

Lena hat inzwischen etwas gemalt. „Kommt mal her", ruft sie. Auf ihrem Zeichenblock hat sie mit dickem roten Pinsel ein Herz gemalt. Innen füllt sie es gelb aus. „Das ist das Herz. Innen ist die Seele. Die ist hell. Der Herr erquicket meine Seele, das geht so." Lena taucht einen Pinsel in den Wasserbecher und mischt die roten Ränder des Herzens über das Gelb der Seele, bis alles rot, orange und gelb leuchtet. Sie erklärt: „Die Seele und das Herz, das gehört einfach zusammen. Und wenn es der Seele gut geht, wenn sie erquickt ist, dann tut man auch Gutes, und dann sagen die Leute: Er hat ein gutes Herz oder sie ist eine gute Seele. Aber man meint dasselbe. Und so sieht das aus!" Sie zeigt auf ihr fertiges Bild.

„Der Herr erquicket meine Seele." Wunderschön, denke ich. Und ganz einfach.

Christa Drohmann

 Lebensgrenzen

Tanzen und spielen

Im Rollstuhl sitzt sie nun nach einem schweren Schlaganfall, ein Wunder überhaupt, dass die Lähmung wenigstens teilweise zurückgegangen ist. Die Krankheit hat sie gezeichnet. Sie spricht langsam und mit schwerer Zunge. Man muss genau zuhören, sich einhören, dann versteht man sie recht gut. Es berührt mich sehr, wie sie da sitzt, in ihrem Rollstuhl, mitten in einer Wüstenoase. Die Wüste hat sie sich bewusst ausgesucht, als letzte Station ihres Lebens. Aber auch bis dorthin sind sie ihr gefolgt, die Reporter und Kameraleute. Es ist ja nicht irgendeine, die dort in der Wüstenregion dem eigenen Tod entgegensehen muss. Es ist Elisabeth Kübler-Ross, die hier mit schwerer Zunge Rede und Antwort steht. Früher einmal ist sie bekannt geworden als große Sterbeforscherin.

Sie ist es, die viele Interviews mit Sterbenden geführt hat, die mehr über diese letzte Station des Lebens erfahren wollte, über all das, was dann ängstigt, besorgt oder auch Hoffnung macht. Natürlich wollen die Journalisten, die ihr bis in die Wüste gefolgt sind, vor allem wissen, wie es diese Frau nun selbst hält mit den Ängsten und Fragen. Manche hatten schon geunkt, dass sie nun all das zurücknehmen würde, was sie zu diesen Themen einmal an Hoffnungsvollem gesagt hatte. Aber hier in der Wüste werden sie eines Besseren belehrt. Trotz großer körperlicher Gebrochenheit wirkt das, was sie sagt, überzeugend. Wer sich eingehört hat, bemerkt immer mehr, wie ruhig und klar sie ist. Sie hat es nicht nötig, irgendetwas zu sagen, hinter dem sie nicht voll und ganz steht. Wenn Menschen sprechen, die nichts mehr zu verlieren haben, dann höre ich genau zu. Jedes Wort ist wichtig. Endlich keine Show mehr, keine eitle Selbstdarstellung, keine Effekthascherei. Hier gibt es wirklich nur noch das zu hören, was eine Frau auf Grund ihrer persönlichen Geschichte und Erfahrung zu sagen hat. „Wenn Sie benennen müssten, was Sie versäumt haben, was wäre das dann?", fragt der Interviewer. Frau Kübler-Ross muss nicht überlegen. „Ich habe zu wenig getanzt und gespielt", sagt sie deutlich und klar. Ihre Antwort trifft mich tief. „Ich habe zu wenig getanzt und gespielt." Der Reporter setzt nach. „Was würden Sie Menschen sagen, die noch länger zu leben haben, was am wichtigsten ist im Leben?" Die Antwort kommt prompt: „In der Schweiz gilt: Wer viel arbeitet, ist ein guter, ein hoch geachteter Mensch. Das ist völliger Unsinn. Genießt das Leben, tanzt und spielt, so werdet ihr dem Leben am meisten gerecht."

Ich weiß, sie hat Recht. Das, was Frau Kübler-Ross vor allem wohl in der Schweiz erfahren hat, gilt doch für die allermeisten Regionen dieser Welt. Arbeit und Leistung bestimmen darüber, ob ich anerkannt werde unter den Menschen. Ich bin sicher, hier sollten Arbeit und Leistung nicht grundsätzlich in ein schlechtes Licht gerückt werden. Gefährlich ist nur, sie zum Hauptinhalt unseres Lebens zu machen! Dann werden wir dem Leben in der Tat nicht gerecht. Leben bedeutet nämlich zuerst, entdecken und darüber staunen, dass ich Mensch sein kann unter anderen Menschen, unter Pflanzen und Tieren. Es bedeutet, dass ich froh werde über die Sonne am Tag und die Sterne bei Nacht. Ungefragt bin ich in die Welt geworfen, in eine Schöpfung, deren Vielfalt niemand zählen kann. Tanzen und spielen ist die angemessene Reaktion auf dieses Wunder, dass ich hier bin, hier sein kann für eine Weile. Inzwischen bin ich sicher, dass wir dieser ursprünglichen Seite unseres Lebens tatsächlich in der Regel zu wenig Raum lassen. Dabei ist es gerade diese Seite, die uns menschlich macht, die Liebe ermöglicht, die uns bezogen macht auf andere wie auf das Göttliche, die uns schmecken lässt, was es wirklich meint, zu leben.

Leben wir also diesen Tag. Es wird sich Gelegenheit finden, zu spielen und zu tanzen.

Christel Gottwals

69

Früh geboren

Tim ist ein süßes Kerlchen mit blauen Augen. Ein Bild von ihm hängt im Offenbacher Kinderkrankenhaus, vor der Tür zur Intensivstation. Auf dem Bild steht: Tim, zwei Jahre. Links daneben hängt noch ein Bild. Darauf steht: Tim, sechs Monate. Und daneben hängt noch eins. Darauf steht: Tim, drei Wochen. Auf diesem dritten Bild liegt Tim im Brutkasten und sieht kaum aus wie ein Mensch. Eher wie ein aus dem Nest gefallenes Vögelchen. Ganz klein. Voller Schläuche und medizinischer Anschlüsse. Tim ist zu früh geboren, viel zu früh. Kaum lebensfähig. Er hat mit dem Tod gerungen und gesiegt.

Viele Eltern kommen täglich an Tims Bildern vorbei. Eltern, die voller Angst sind. Angst um das Leben und das Wohlergehen ihrer Kinder. Ihnen allen erzählen Tims Bilder, dass er überlebt hat. Manchen sagen sie auch, dass hier der liebe Gott mit den Schwestern und Ärzten besonders eng zusammenarbeitet. Natürlich, auch zusammen retten sie dort nicht alle Frühchen. Aber Tims Bilder erzählen die Geschichte von einem, der es geschafft hat. Denen, die kommen, sagt er: „Hab Geduld und Mut. Alles kann gut werden." Denen, die gehen, sagt er: „Sei getrost, es ist in guten Händen."

Stephan Krebs

Sandkorn mit Perlmutter

Vor mir liegt eine Perle. In ihr bricht sich das Licht, sie ist glatt und schimmert. Die Perle ist schön und vermittelt den Eindruck völliger Harmonie. Suche ich nach dem Ursprung dieser Harmonie, so stoße ich auf etwas Unerwartetes. Am Anfang steht eine Verletzung. Eine Verletzung im Innern der Muschel, die diese Perle hervorgebracht hat. Irgendein Sandkorn hat sich in die Muschel verirrt und das empfindliche Muschelfleisch gereizt. Die Muschel reagiert auf diese Reizung nicht mit Abwehr dessen, was sie verletzt, sondern sie nimmt es in sich auf, verinnerlicht es. Sie umkleidet das Sandkorn mit Perlmutter. Was scharf und kantig war, wird geglättet. Was Sandkorn war, wird zur Perle. Was ein Fremdkörper war, wird zum inneren Schatz. Nicht von heute auf morgen. Sondern in einem Prozess, der Jahre dauern kann.

Solch ein Sandkorn schleppt wohl jeder von uns mit sich herum. Etwas in uns reibt, scheuert, verletzt. Und allzu gerne würden wir es abschütteln. Aber es sitzt zu tief in uns, wir werden es nicht los. Im Gegenteil, unser Inneres reibt sich nur wund. Erst wenn wir den Widerstand aufgeben und uns dem Störenden zuwenden, kann der Schmerz abheilen. Nicht von heute auf morgen. Der Weg vom Sandkorn zur Perle ist weit, und er ist mühsam. Aber er lohnt sich.

Eva Müller

71

Abschied vom Schmerz

Eines Morgens merkt sie schon, dass etwas anders ist, noch bevor sie richtig wach ist. Irgendwas ist geschehen in dieser Nacht oder in diesen frühen Morgenstunden. Und je mehr sie gewahr wird, dass der Tag heraufkommt, desto deutlicher bemerkt sie es durch und durch: Eine schwere Last ist auf einmal wie weggenommen über Nacht. Dabei hatte sie sich fast schon daran gewöhnt, dass sie jeden Morgen wieder da war, diese Last, diese schwere Trauer um einen geliebten Menschen. „Mitten aus dem Leben gerissen", so hatte es in den Zeitungen gestanden, die vollmundig über das schwere Autounglück berichtet hatten. Mitten aus dem Leben gerissen, aus ihrem Leben gerissen, ein Stück ihres eigenen Lebens mit fortgerissen, von einem Moment auf den anderen. Der Schmerz hat lange sein Gewicht auf sie gelegt, Tag für Tag, Monat für Monat.

Aber jetzt ist plötzlich der Morgen heraufgekommen. Über Nacht ist er endlich gegangen, der tiefe, große Schmerz. Irgendwer hat den bleischweren Mantel unmerklich von ihr weggenommen. Sie kann es noch gar nicht richtig glauben. Langsam steht sie auf, stellt sich auf ihre Beine. Und sie merkt, es ist leichter geworden, auf dem Boden zu stehen. Den letzten Schlaf wäscht sie sich aus dem Gesicht, kämmt sich das Haar, langsam und konzentriert. Sonderbar: Es ist, als ob sie mit jedem Bürstenstrich letzte Reste von Schmerz herauskämmt. Vorsichtig und bedacht beginnt sie mit den ersten Handgriffen des Tages. Seltsam, es scheint, als habe ihr jemand ein großes Versprechen gegeben, als habe ihr jemand versprochen, dass etwas Besonderes und Gutes in ihrem Leben sei, von dem sie noch kaum etwas ahnt. Eine Art Vorfreude breitet sich in ihr aus. Und hätte sie jemand gefragt, sie hätte gar nicht genau sagen können, worauf.

Monatelang hatten Freunde und Bekannte auf sie eingeredet. Dass das Leben doch weiterginge, hatten sie gesagt, dass es nun aber auch einmal ein Ende haben müsse mit ihrer Trauer. Aber all das hatte ihr nichts wegnehmen können von der inneren Last. Es brauchte eben eine andere Zeit. „Alles hat seine Zeit." An diese alten biblischen Verse erinnert sie sich jetzt. „Ein Jegliches hat seine Stunde, weinen und lachen, klagen und tanzen." Ja, so erlebt sie es gerade. Und diese Zeit hatte weder sie selbst bestimmen können noch die anderen, wenn sie es auch noch so gut gemeint hatten. Aber jetzt plötzlich, an diesem frühen Morgen war es geschehen, ohne ihr Zutun, einfach so. Der große, tiefe Schmerz hatte von sich aus über Nacht seinen Abschied genommen. Welch ein Segen, konnte sie nur immer denken, welch ein Segen.

Nicht alles, was uns betrifft, können wir steuern und planen, nicht allem können wir eine genaue Zeit zumessen. Wir sagen: Nun musst du aber aufhören zu trauern. Aber dann zeigt sich: Die Trauer dauert länger. Nein, einer ist eben noch nicht aus der Krise heraus. Es gilt zu lernen, Prozessen die Zeit zu gewähren, die sie nun einmal benötigen – und sich dann überraschen zu lassen von einem neuen Morgen, an dem plötzlich alles ganz anders sein kann. Tatsächlich ändert sich vieles über Nacht, treten entscheidende Veränderungen in ganz frühen Morgenstunden ein. Die Krise einer Krankheit ist plötzlich überwunden, die Entscheidung endlich reif, der neue Weg begehbar. Ja, ich bin sicher, Gott erreicht uns besonders gut in den ersten ganz frühen Morgenstunden, wenn unsere Willensanstrengungen am tiefsten Punkt ruhen. Dann kann Gott besser erreichen und stärken, was in uns heil und gut werden will. So segnet er uns, macht unser Herz wieder leicht und öffnet uns neue Wege, über die wir nur staunen können.

Christel Gottwals

Wenn Guten Böses widerfährt

Wenn guten Menschen Böses widerfährt, dann löst das oft dieselben Fragen aus, wie wenn bösen Menschen Gutes widerfährt. Man fragt sich: Warum ist das so, warum werden nicht
die Guten sofort belohnt und die Bösen in ihrer Bosheit gebremst und bestraft? Soll das etwa gerecht sein? Wo ist denn
der gerechte Gott, auf den ich vertraue?

Wenn guten Menschen Böses widerfährt, dann kommen wir
oft mit dem Bild von Gott nicht mehr klar, das uns bis dahin wie
selbstverständlich begleitet hat. Gott, der weise, allmächtige,
gute Vater, der vom Himmel aus die Welt regiert und lenkt.
Genau der ist es dann, der offenbar versagt, wenn guten Menschen Böses widerfährt.

Harold Kushner hat das erlebt und schreibt davon in seinem
Buch „Wenn guten Menschen Böses widerfährt". Sein Sohn
Aaron litt an Progerie, einer Krankheit, die Kinder vorzeitig al-
tern und äußerlich zu Greisen werden lässt. Aaron ist zwei
Tage nach seinem vierzehnten Geburtstag gestorben. Warum
passiert uns so etwas, werden sich die Eltern gefragt haben.
Was haben wir getan, womit haben wir das verdient? Was für
einen Sinn hat das?

Die Kushners wissen jetzt: So zu fragen, führt nicht weiter.
Ihre Frage heißt nicht mehr „Warum geschah uns das?", son-
dern „Was kann ich jetzt tun, da uns das passiert ist?" In dem
Moment, in dem das Unglück geschieht, hat es überhaupt kei-
nen Sinn, sagen sie. Aber mit der Zeit konnten sie Aarons
Schicksal auch einen Sinn verleihen.

Unser Gott ist nicht grausam, davon ist Harold Kushner
überzeugt. Schmerzliches ist keine Strafe für schlechtes Betra-
gen. Gott ist nicht verantwortlich für Krankheiten, Unfälle und
Naturkatastrophen. Leiden ist ihm verhasst, er kann es aber
nicht verhindern. Gott verursacht kein Unglück. Es sind die
Menschen selbst, die Böses tun. Oder das Leiden ist eine Folge
der Naturgesetze, dieser unabänderlichen Regeln, die diese

Welt bestimmen. Gott hat Grenzen. Der Schöpfer hat sich auf die Naturgesetze festgelegt und die Menschen mit Freiheit ausgestattet, auch mit der Freiheit, sich von Gott abzuwenden und Böses zu tun. Deswegen ist Gott von Schicksalsschlägen genauso betroffen wie wir.

Gott handelt nicht, indem er menschliche Schicksalsschläge verursacht. Aber er bewegt Menschen, den vom Leid Betroffenen beizustehen. Gott handelt und spricht durch Menschen. Menschen sind die Sprache Gottes.

In den Jahren, in denen Aaron krank war, hat die Familie Kushner das erlebt: Da war der Mann, der Aaron einen für seine Größe richtigen Tennisschläger gebaut hat. Und die Frau, die ihm eine kleine Violine schenkte, ein Erbstück ihrer Familie. Oder die Kinder, die hinterm Haus mit ihm Volleyball spielten. Diese Menschen waren Gottes Stimme für Aaron und seine Familie. Durch sie erfuhren sie, dass sie nicht alleine waren, nicht ausgestoßen.

Ich glaube fest daran, schreibt Harold Kushner, dass uns in dieser Zeit Gott nahe war und dass Aaron so, wie er war, viele Menschen beeindruckt hat, weil er seine Krankheit und alles, was mit seinem sonderbaren Äußeren zusammenhing, so tapfer ertrug. Seine Freunde waren von dem Mut beeindruckt, mit dem er trotz seiner Behinderung ganz bewusst alles miterleben wollte. Die Menschen, die die Kushners damals begleitet haben, haben durch ihr Beispiel die Schwierigkeiten in ihrem eigenen Leben hoffnungsvoller und mutiger bestanden. Das ist im Nachhinein deutlich geworden.

Wenn guten Menschen Böses widerfährt, dann ist das nicht die Strafe eines grausamen Gottes. Es ist die Chance, einander zu Gottes Stimme zu werden und gemeinsam dem einen Sinn zu geben, das im Augenblick, in dem es geschieht, sinnlos ist.

Peter Kristen 75

Manchmal muss man springen

Jetzt habe ich Klaus wiedergesehen, nach fast neun Jahren. Und mir ist, als habe ich ein Wunder erlebt. Früher hat Angst sein Leben bestimmt, Angst, alles falsch zu machen, Angst vor allem, was auf ihn zukam. Nur Bruchteile von Sekunden konnte er anderen in die Augen sehen. So unsicher war er. Und doch: In seinen kurz aufblitzenden Blicken konnte ich erahnen, was für ein wunderbarer Mensch er eigentlich sein musste. Wer so viel Angst in sich hat, der muss Furchtbares erlebt haben. Die Geschichte von Klaus bestätigt das: Ungewollt zur Welt gekommen, hin- und hergeschoben unter Verwandten, von Kindheit an immer wieder quälende Angstzustände, Medikamente, falsche Therapien. Obwohl Klaus sehr begabt war, hatte ihn seine Lehre fast zur Verzweiflung gebracht. Ihm fehlte einfach Zutrauen zu sich selbst, das Gefühl, etwas wert zu sein.

Und nun musste ein Wunder geschehen sein. Denn fast alles an ihm war anders geworden. Klaus kommt auf mich zu und sieht mir froh in die Augen, umarmt mich, spricht selbstsicher aus, was er empfindet. Wie ist das nur möglich geworden? „Manchmal muss man eben springen", sagt er. „Ich bin in ein neues Leben gesprungen. Mir ist ein Mensch begegnet mit so viel Liebe für mich. Mit diesem Menschen zusammen weiterzuleben war mein größter Wunsch, aber das hieß, in ein neues Leben zu springen, scheinbare Sicherheiten aufgeben, an die ich mich doch so geklammert hatte: meine Wohnung bei meiner Schwester und deren Familie. Undankbar sei ich, haben sie gesagt, und dass ich es nicht schaffen könne, am Ende wieder in die Klinik müsse. Davor hatte ich riesige Angst. Furchtbar gequält habe ich mich, bis mir eines nachts diese Geschichte wieder eingefallen ist, die du mir damals erzählt hast. Ein Mädchen findet auf einer Wiese einen verletzten Vogel. Behutsam birgt sie ihn in ihrer Hand, weint und sagt: ‚Du wirst bald sterben, so elend und schwach, wie du bist. Gibt es überhaupt etwas, das ich dir jetzt noch Gutes tun kann?' Dann hat sie eine Idee. Mit dem Vogel steigt sie auf einen Turm hinauf. Wenn er schon bald nicht mehr leben kann, dann soll er wenigstens einen schönen Tod haben, noch ein einziges Mal das Gefühl, ganz frei zu sein, zu fliegen. Ganz oben angekommen, lässt sie ihn unter Tränen los, übergibt ihn der Luft und sieht ihm nach, wie er fällt. Dann aber traut sie ihren Augen kaum. Nach wenigen Metern bewegt der Vogel etwas unsicher seine Flügel. Schließlich schafft er wieder seinen Flügelschlag, fällt nicht länger, sondern fliegt aus eigener Kraft. Er hat es geschafft. Ich wollte es auch schaffen", sagt Klaus. „Stell dir vor, ich hätte es niemals probiert. Am Morgen hab ich mit dem Mut der Verzweiflung meine Koffer gepackt. Ich bin gesprungen. Erst dachte ich: Das wird mein Tod. Aber dann war es mein Leben. Meine Flügel haben tatsächlich getragen."

Manchmal tut sich unvermittelt eine besondere Möglichkeit auf, neu zu leben, den eigenen Weg zu gehen, heil zu werden in vielerlei Hinsicht. Groß baut sich dann die Angst auf. Schaffe ich das? Dann auch noch die Stimmen derer, die mich halten wollen, mir ein schlechtes Gewissen machen. Das darfst du nicht und das kannst du nicht tun. Manchmal muss man springen, besonders dann, wenn Liebe da ist, denn Liebe beschützt die, die Angst überwinden und ihr eigenes Leben wagen. Jesus hat zu seiner Zeit viele Menschen ermutigt, zu springen, herauszuspringen aus krank machenden Situationen und Abhängigkeiten, herauszuspringen aus vielerlei Ängsten und Zwängen. Gottes Liebe war mit denen, die herausgesprungen sind. Dann haben sie erlebt, wie sie heil geworden sind an Körper und Seele.

Klaus ist auch heil geworden in seinem neuen Leben. Große Angst hat er gehabt, seine Flügel seien zu schwach. Aber sie haben getragen.

Christel Gottwals   77

Champions

„We are the champions!" Das Poplied von Queen ist oft genug zu hören. Immer dann wenn Sieger feiern. Beim Fußball zum Beispiel oder beim Tennis, bei den großen und längst auch bei den kleinen Turnieren. Wo einer Erster geworden ist und alle anderen hinter sich gelassen hat. Wo eine aufs Siegertreppchen durfte. Der Song von Queen gefällt mir nicht nur, weil er schön ist. Sondern auch, weil es schön ist, bei den Siegern zu sein, den *champions*. Nun habe ich es beruflich mit Menschen zu tun, die eher für *looser*, für Verlierer, gehalten werden. Ich bin Seelsorger an zwei Frankfurter Krankenhäusern. Da geht es nicht um erste Plätze. Da sind nicht die Besten der Besten vertreten, die Siegertypen. Und dennoch: Auch im Krankenhaus wird gekämpft. Und gesiegt. Über Schmerzen. Über die eigene Angst. Über die Versuchung, aufzugeben und sich hängen zu lassen. Tag für Tag besiegen sich die Patienten selber.

Dafür gibt es weder Medaillen noch Urkunden. Aber ich meine, dass diese Menschen alles andere als Verlierer sind. Ich jedenfalls habe einen Riesenrespekt vor ihnen. Mehr als vor manchem Star und manchem Sternchen auf den Siegertreppchen.

Reiner Dickopf

Das
Weite
suchen

Weiter Raum

Halbleere Kirchen sind eigentlich etwas Schönes. Nicht dass mich jemand missversteht: Ich kann natürlich auch vollen Kirchen etwas abgewinnen. So wie an den Weihnachtsfeiertagen. Ich bleibe dabei: Auch halbvolle und sogar leere Kirchen sind etwas Schönes.

Richtig klar geworden ist mir das erst vor einigen Wochen, im Limburger Dom. Eine freundliche Schwester hat eine Führung für Touristen gemacht. Sie hat die Geschichte dieses spätromanischen Bauwerks erklärt und eine Menge interessanter Zusammenhänge vermittelt. Ich habe mich ihrer Führung angeschlossen. Viel davon, was sie uns gesagt hat, habe ich wieder vergessen. Aber eines habe ich behalten: Die Schwester erklärte uns, dass man sich im Mittelalter bemüht hat, die Kirchen immer doppelt so groß zu bauen, wie es eigentlich nötig gewesen wäre. Bei 2000 Einwohnern musste die Kirche also Platz für 4000 Menschen haben. Und wozu dieser Aufwand, diese Platzverschwendung? Man wollte damit der Gemeinde, den Besucherinnen und Besuchern der Kirche einen Eindruck, eine Ahnung davon geben, wie groß der Himmel ist! Wie viel Raum zum Stehen und Laufen, wie viel Luft über dem Kopf, wie viele Ecken und Nischen der Himmel für uns bereit hat.

Die Menschen lebten mit vielen anderen zusammen auf wenigen Quadratmetern, in kleinen Häusern und Hütten. Die Decke war mit der Hand zu greifen, die Fenster waren der Temperatur wegen möglichst klein. Der Schritt über die Schwelle der Kirche war schon deswegen ein Erlebnis, weil ein weiter Raum erlebt wurde. Die große Grundfläche, die mächtigen Säulen, eine Kuppel, unter der man fast zehn ihrer eigenen Häuser hätte übereinander bauen können, das musste die Menschen beeindrucken. „In meines Vaters Haus sind viele Wohnungen", diesen Satz von Jesus haben die Architekten der alten Kirchen andeutungsweise abbilden wollen.

Wenn ich in einer großen alten Kirche stehe, so wie im Limburger Dom neulich, dann spüre ich etwas von der Weite, die Gott uns bereithält. Auch und gerade, wenn nur wenige Menschen mit mir zusammen da sind. So soll es auch im Himmel sein: keine Drängelei, kein Geruch von feuchten Mänteln, sondern Weite und Höhe und Luft.

„Du gibst meinen Schritten weiten Raum" – dieser Satz aus dem 18. Psalm weiß etwas davon, dass Nähe und Weite sich nicht widersprechen. Gott kann uns gerade darin ganz nahe kommen, dass er uns Platz schafft. Platz für eigene Verantwortung. Platz für Schritte geradeaus und zurück, Raum für weite Tänze. Weiten Raum gibt er uns, auch um ihn zu füllen mit Liedern und Lyrik. Gott lässt uns frei entscheiden, er gängelt seine Menschen nicht wie kleine Kinder, die von ihren ängstlichen Eltern an zu kurzer Leine gehalten werden. Er traut uns zu, den weiten Raum auszuhalten. Er mutet uns zu, auch mal Fehler zu machen, die falsche Richtung zu wählen. Gottes Nähe gibt die Kraft, den weiten Raum nicht mit bodenlosem Raum zu verwechseln. Gottes Reich hat für mich mit dieser Weite zu tun, mit den vielen Wohnungen, mit der Größe seiner Welt.

So gesehen ist es eigentlich nicht schlimm, wenn eine Kirche halb leer bleibt. Wenn ich diesen Zusammenhang bedenke, dann verlieren auch die aktuellen Diskussionen ein wenig von ihrem resignierenden Ton. Dass eine Kirche nicht bis zum letzten Platz besetzt ist, soll uns nicht gleich an deren Verkauf denken lassen oder an ihre Umwidmung zu anderen Zwecken. So richtig auch eine solche Entscheidung von Fall zu Fall sein mag, halb leere Kirchen haben ihren Sinn. Manche sind in den Dimensionen schon von ihren Architekten so angelegt worden, dass sie nie ganz voll werden. Denn vielleicht spüren wir gerade darin viel mehr von der Weite, die Gott uns schenkt.

Helwig Wegner   81

Andenken

Auf den Urlaub hatte sie sich lange gefreut. Die Monate bis zum Sommer waren mühsam gewesen, voller Arbeit und Termine. Das war sie gewöhnt. Auch dass dann die lange Pause kam, die Reise, der Abstand vom alltäglichen Kleinkram. Das half normalerweise.

Diesmal war etwas anders als bisher. Wie gewohnt hatte sie ihren Koffer gepackt und wie immer Geld, Scheckkarte, Fotoausrüstung, Reiseführer in die große Umhängetasche gesteckt. Der Kühlschrank war leer geräumt, alle Fenster geschlossen und der Schlüssel zum Blumengießen bei der Freundin im Briefkasten deponiert.

Als sie den Koffer aufhob, sah sie sich plötzlich selbst heimkehren. Alles würde genauso sein wie immer. Die Wohnung würde ihr etwas größer erscheinen. Das Licht wäre gedämpft sommerlich, sie würde wahrscheinlich die Fenster und den Balkon vom Staub des Hochsommers reinigen und noch zwei Tage verschnaufen, bevor es wieder mit dem Alltag losging. Erstmals hatte sie das Gefühl, im Kreis zu gehen. So, als käme sie nicht mehr vom Fleck. Was erwarte ich eigentlich von diesem Sommer? Ich erhole mich. Und danach geht alles genauso weiter wie vorher. Sie holte tief Luft und wuchtete entschlossen den Koffer durch die Haustür. Wie immer zu schwer. Zwei Bekannte von der Reisegruppe erwarteten sie schon. Am Anfang des Urlaubs stand diesmal eine einwöchige Bildungsfahrt. Danach käme die Erholung dran.

Unterwegs dachte sie wieder dran: „Ob sich überhaupt nochmal etwas Neues für mich ereignet? Irgendeine richtige Veränderung? Oder war's das im Grunde schon, und ich muss mich halt damit abfinden und das Beste daraus machen!?" Dann schob sie die Gedanken energisch beiseite und konzentrierte sich auf die Landschaft vor den Busfenstern.

Wittenberg lag im strahlenden Sonnenschein, die Nachmittagshitze stand in den Straßen, als sie durch den Hof dem Eingang zum Lutherhaus zustrebte. In der kühlen Eingangshalle musste sie sich erst ans Halbdunkel gewöhnen. Die anderen schauten sich um und gingen an ihr vorbei Richtung Café, als ihr Blick an der Aufschrift auf einem mächtigen Balken hängen blieb. In verschnörkelter alter Schrift las sie: „Niemand lasse den Glauben daran fahren, dass Gott eine große Tat an ihm will!" So einer wie Luther, zu dem passt so ein Spruch wohl eher, dachte sie. Mit dem hat Gott wirklich etwas vorgehabt. Die große Tat!

Neugierig betrachtete sie die kraftvollen Worte auf dem Deckenbalken: „Und wenn es stimmen würde, und Gott hat auch mit mir noch etwas vor, irgendetwas, von dem ich jetzt noch nichts weiß? Dann wäre es doch nicht so, dass man sich ab einem gewissen Alter nur noch im Kreis dreht. Vielleicht liegt die Chance noch vor mir, und ich habe es nur nicht gewusst. Diesen Satz muss ich mir merken!"

Sie schrieb die Worte auf die Rückseite der Rechnung vom Mittagessen. „Niemand lasse den Glauben daran fahren, dass Gott eine große Tat an ihm will!" Die anderen riefen schon nach ihr: „Hier gibt's die guten Ansichtskarten." Sie lachte und deutete auf die Umhängetasche. „Ich glaub, ich hab schon ein gutes Andenken gefunden!"

Katharina Stoodt-Neuschäfer

Flughühner

In Afrika gibt es eine merkwürdige Sorte Flughühner, und die haben ein Problem. Sie leben nämlich mitten in der Wüste, und oft sind die Plätze, an denen sie nisten, weit entfernt von Wasserstellen. Deswegen müssen sie viele Kilometer weit fliegen, um etwas trinken zu können. Das macht den erwachsenen Vögeln keine großen Schwierigkeiten. Nur die frisch geschlüpften Küken, die würden fern von jedem Wasser verdursten, wenn diesen Flughühnern nicht ein raffinierter Trick eingefallen wäre. Die männlichen Tiere tauchen an der Wasserstelle ihr Gefieder tief ins Wasser ein, damit es sich wie ein trockener Schwamm vollsaugen kann. Dann fliegen sie nass und schwer die vielen Kilometer zurück zu den Jungen. Die nehmen die nassen Federn ihres Vaters in den Schnabel und saugen das Wasser heraus. Das geht so lange, bis die kleinen Flughühner herangewachsen sind und zum ersten Mal selbst die Eltern zur Wasserstelle begleiten können.

Als ich zum ersten Mal von diesen merkwürdigen Vögeln gehört habe, taten sie mir ein wenig leid. Bis zu 40, 50 Kilometer können zwischen Wasser und Nistplatz liegen. Und die Frage liegt auf der Hand, warum sie nicht näher am lebenswichtigen Wasser ihre Eier ausbrüten. Die Antwort darauf ist wohl, dass sie weit draußen in der Wüste relativ sicher vor hungrigen Raubvögeln sind. Sie bezahlen die Sicherheit vor ihren Feinden, ihr Überleben, mit diesen anstrengenden Wassertransporten. Mir kam der Gedanke, dass auch wir uns gewissermaßen mit den Problemen afrikanischer Flughühner herumzuschlagen haben.

Am liebsten hätte man natürlich alles beieinander. Die südliche Sonne des Mittelmeers und den gut bezahlten Arbeitsplatz in Hessen, den Spaß und die Last, die Pflicht und die Muße. Aber wann gelingt einem das schon? Für die meisten von uns gibt es diesen großen Abstand, sozusagen zwischen

Nist- und Wasserplatz. Deswegen sind wir mobil, reisen viel, holen uns wochenweise, was wir auf Dauer nicht haben können. Wir haben gelernt, unsere Zeit ein- und aufzuteilen. Gut, wenn wir Mittel und Möglichkeiten haben, aus dem Alltagstrott für ein paar Tage auszubrechen und irgendwo anders mal richtig aufzutanken.

Wie durstige Flughühner trinken wir uns weit weg von zu Hause satt mit Farben und Gerüchen, sammeln Kraft und Ideen, bevor wir uns wieder auf den Heimweg machen. Die Situation zu Hause erscheint uns aus dem Abstand heraus bisweilen klarer. Vielleicht ist es gerade die räumliche Distanz, der Abstand in Kilometern, der uns auch den inneren Abstand finden lässt. Mit einem Mal werden mir Dinge klar: dass ich älter werde, wer mir wichtig ist, wessen Nähe ich brauche, wovor ich Angst habe. In diesen Pausen zwischen den Alltagswochen kann ich auch der Frage nachgehen, was mich hält und wer mich trägt. Wenn es gut geht, finde ich auch meine Antwort drauf. So wie durstige Vögel nach langem Flug das Wasser zum Trinken finden.

Nur eins, das haben uns diese merkwürdigen afrikanischen Flughühner wohl voraus: Sie geben von dem Wasser, mit dem sie sich selbst satt gemacht haben, auch etwas ab. An die, die nicht mitkommen können. Diese Technik haben wir noch nicht entwickelt. Die nach dem Urlaub herumgezeigten Bilder können das ja nicht sein. Die erwecken meistens nur Neid oder Langeweile. Nein, von dem wirklich etwas abzugeben, was uns in diesen Pausen gut getan hat, ist viel komplizierter.

Wir müssten lernen, davon zu sprechen, was in uns drin gereift ist. Unsere Fragen und Einsichten nicht in uns begraben, sondern anderen mitzuteilen versuchen. Vielleicht gelingt es ja. Und wenn wir den Anfang machen und davon zu reden beginnen, stellen wir möglicherweise fest, dass andere längst darauf gewartet haben.

Helwig Wegner   85

Seelische Erhebung

Die wenigsten von uns können mit diesem merkwürdigen Wort etwas anfangen: „Seelische Erhebung". Der Artikel 140 unseres Grundgesetzes spricht von der seelischen Erhebung, von der Arbeitsruhe am Sonntag. Die große Mehrheit der Menschen hat am Sonntag frei. Kellner und Krankenschwestern und Konditoren und Schichtarbeiter mit Sonntagsschicht arbeiten auch am Wochenende. Und wehe, wenn nicht. Die Versorgung mit allen möglichen Dienstleistungen, die wir selbstverständlich finden, würde zusammenbrechen. Und wirtschaftliche Einbußen wären natürlich auch die Folge. Hoffentlich pocht keiner von diesen Menschen auf seelische Erhebung und Sonntagsruhe.

Mit diesen Ausnahmen haben wir zu leben gelernt. Aber es sind eben Ausnahmen, die die Regel bestätigen, dass der Sonntag arbeitsfrei ist. Oder muss man sagen: arbeitsfrei war? Wer genau hinschaut, entdeckt, dass es an immer mehr Stellen mit der Sonntagsruhe und der seelischen Erhebung vorbei zu sein scheint. Zuerst haben wir mit der Einführung des kommerziellen Fernsehens erlebt, dass auch am Sonntag Werbesendungen ausgestrahlt wurden. Na ja, sagten damals manche, das ist ja noch nicht so schlimm, solange nicht auch noch am Sonntag die Geschäfte offen haben. Kurz darauf konnte man viele Sachen, für die da geworben wurde, auch sonntags kaufen, in der Tankstelle oder am Bahnhof. Na ja, sagten viele, das ist ja so schlecht nicht, wenn ich auch am Sonntag noch Katzenfutter oder Milch oder Papierwindeln kaufen kann. Nun meldeten sich die Bäcker: Wenn die Tankstellen sonntags Brötchen verkaufen, dann hätten sie einen Wettbewerbsnachteil, wenn sie das nicht auch dürften. Jetzt bemühen sich in immer mehr Städten ganze Einkaufsstraßen und Einkaufszentren darum, am Wochenende durchgehend die Läden offen zu halten. Und wieder sagen manche: Na ja, ist ja so schlecht nicht, das mal auszuprobieren.

Gut, dass andere dagegenhalten. Manche Politiker zum Beispiel. Und die Kirchen, beide. Gut, dass da mitten in den Überlegungen, wie das Geschäft anzukurbeln ist, von Sonntagsruhe die Rede ist. Die hat nämlich einen Wert und einen Sinn. Und sie hat ein Recht auf ihrer Seite, das so alt ist wie kaum sonst ein Recht. Die Sonntagsruhe leitet sich direkt aus der Bibel ab. Das dritte der Zehn Gebote heißt: „Du sollst den Feiertag heiligen." Und mit dem Feiertag ist schon damals jeder siebte Tag der Woche gemeint. An dem sollte und durfte nicht gearbeitet werden, weder in der Landwirtschaft noch auf dem Markt. Dieses Gebot sollte den Leuten nicht den Spaß an der Arbeit verderben, sondern es war ihnen zuliebe eingeführt worden: Es tut dem Menschen gut, Pause zu machen. Es hilft ihm, sein Leben zu leben, wenn er in regelmäßiger Folge die Hände in den Schoß legt und sein Herz öffnet. Es tut uns gut, Fragen zuzulassen, für die sonst keine Zeit ist.

Der arbeitsfreie Sonntag ist ein hohes Gut. Mal nicht kaufen und verkaufen. Mal nicht auf die Uhr schauen müssen. Das ist schon was. Aber es wird auch deutlich: Wenn so gut wie sonst alles und jeder in unserer Gesellschaft an Produktivität und Umsatz gemessen wird, ist für viele der unproduktive Sonntag ein merkwürdiges Loch. Da wird nichts geleistet, ein Tag ohne Mitte und eigentlich ohne Inhalt. Auch das Nichts-Tun muß gelernt sein. Seelische Erhebung stellt sich nicht von alleine ein, wenn die Geschäfte zu sind.

So wie der Mensch mehr als das ist, was er leistet, ist auch der Sonntag mehr als die Abwesenheit von Kommerz und Arbeit. Dieses Mehr sollten wir dem Sonntag zurückgeben. Ob wir das nun „seelische Erhebung" nennen oder „Andacht" oder „Gottesdienst". Also: Die Seele nicht nur baumeln lassen, sondern sie mal in Richtung Himmel strecken. Nächsten Sonntag zum Beispiel.

Helwig Wegner   87

Heilige Orte

Von Pilgern kennt man das schon lange: die Reise nach Jerusalem, Rom oder Mekka. Aber auch ganz normale Urlauber schauen sie sich an, die sogenannten Heiligen Orte. Zum Beispiel Stonehenge mit den geheimnisvollen Steinblöcken, die gothische Kathedrale oder den Hindu-Tempel bei der Fernreise.

Seit alter Zeit wünschen sich Menschen, einen Ort zu finden, wo etwas Besonderes, eben Heiliges zu spüren ist. Wo Gott näher ist als im Alltag, als in meiner Wohnung oder bei meiner Arbeit. Es ist die Sehnsucht nach dem Gefühl: Hier ist Gott ganz nahe, und ich kriege davon etwas mit.

Ich wünsche denen, die unterwegs sind, dass sie finden, was sie suchen. Ich habe aber auch erlebt, dass an heiligen Stätten mehr Kitsch als Schönes ist. Und Rummel und Geschäft an berühmten Heiligtümern lassen Nachdenken oder Beten gar nicht zu.

Mir ist deshalb ein Gedanke aus der Bibel wichtig, dass Gott nicht an einem Ort wohnt. Gott geht mit und begleitet die Menschen. In seinem Wort ist er da. Da, wo Menschen darauf hören.

Deshalb gibt es im Prinzip keine Orte, die heiliger sind als andere. Martin Luther soll seine neue Erfahrung von Gott sogar auf dem stillen Örtchen gehabt haben, beim Nachdenken über die Bibel. Zugegeben, kein heiliges Örtchen. Beweisen kann man diese Anekdote nicht. Aber sie erinnert doch daran: Jeder Ort ist heilig, wo Gott uns begegnet. Da, wo mein Vertrauen geweckt wird. Ich merke, dass es gut ist, dass ich und andere auf der Welt sind. Wo das passiert, ist dieser Ort transparent für Gott. Auch wenn er in keinem Reiseführer steht und vielleicht ganz in meiner Nähe ist. Dies ist wirklich ein heiliger Ort, wo Himmel und Erde sich berühren.

Heidrun Dörken

Liebe & Co

Ginkgo

Seit es Menschen gibt, sind sie fasziniert von der Liebe. Für manche ist sie geradezu ein Lieblingsthema. Dies gilt auch für den Theologen Paul Tillich. Für ihn ist die Liebe eine göttliche Macht. Denn in ihr zeigt sich, was uns unbedingt angeht: die Sehnsucht, dass Menschen nicht getrennt sind, sondern aneinander teilhaben. Wer liebt erfährt, dass zwei sich nicht grundsätzlich fremd sind. Wer liebt, schmeckt etwas davon, dass Getrenntes miteinander eins werden kann. Und das kann geschehen, ohne restlos im anderen aufzugehen. Wenn es gelingt, erleben wir glückliche, erlösende Augenblicke im Leben. Und weil wir sie erleben, fasziniert und beschwingt die Liebe so. Aber sie beeindruckt sicher nicht immer gleich stark. Manchmal, wenn ihr Eindruck verblasst, erinnert mich ein lebendiges Symbol an ihre Macht. Es war der Naturliebhaber Johann Wolfgang von Goethe, der das Symbol im Ginkgo fand: ein fernöstlicher Baum und seine Blätter.

Wie die Menschen existiert der Ginkgo in zwei Geschlechtern: männlich und weiblich. Jedes seiner Blätter besitzt zwei Fächer, darin werden die Geschlechter gesehen. Die Fächer wachsen jeweils in eigene Richtungen. Ein Hinweis, dass Liebende eigenständig bleiben. In dem feinen Stiel des Blattes finden die Fächer ihre Verbindung. Die Liebe wird von dem, was gemeinsam ist, getragen. Und schließlich besitzt dieser älteste Baum der Erde eine wundervolle Lebenskraft. In Hiroshima stand ein Ginkgo nur 800 Meter von dem Punkt entfernt, an dem die erste Atombombe explodierte. In dieser Zone wurde die Erde verbrannt. Und nun das Wunder: Es geschah im Frühjahr 1946, ein halbes Jahr nach dem Abwurf der Atombombe. Da schob sich ein frischer, zarter Trieb aus dem Wurzelstock. Der Ginkgo hatte überlebt. Liebe hat Macht, auch gegen Zerstörung.

Goethe schenkte zwei der Ginkgo-Blätter seiner Freundin Marianne Willemer. Das war 1815, bei einem Besuch in Frankfurt am Main. Dazu schrieb er das Gedicht mit dem Titel „Ginkgo-biloba". Seine berühmte Schlusszeile lautet: „Fühlst Du nicht an meinen Liedern, dass ich eins und doppelt bin."

Im glücklichen Augenblick gibt die Liebe ungeahnte Kraft. Sie lässt einen über sich hinaus wachsen. Das erfüllt so tief, dass man sich eins mit sich selbst fühlt. Und gleichzeitig fühlt man, ich bin mehr als ich selbst. Ich bin doppelt. Zwei kommen sich ganz nah. Sie teilen einander und gewinnen das Leben des anderen hinzu. So ist es, wenn sich die engen Grenzen des eigenen Lebens öffnen, wenn man sich auf einen anderen Menschen einlässt. So faszinierend die Worte klingen, Goethe hatte sie geschrieben, als die beiden sich trennten. Nach der Begegnung in Frankfurt trafen sich Willemer und Goethe nicht wieder.

Vielleicht lag es daran, dass die Liebe auch Angst macht. Wenn der geliebte Mensch einem mehr als alles bedeutet, dann geht die Selbstständigkeit verloren. Man versucht sich zu distanzieren, sich selbst wiederzufinden. „Dass ich eins und doppelt bin", ist eben eine Erfahrung, die riskant ist. Für mich ist der Ginkgo deshalb ein starkes Symbol. Er erinnert daran, dass die Liebe gelingen kann. „Eins und doppelt zu sein", das zerreißt seine Blätter nicht. Am Ginkgo kann man anfassen, sehen und fühlen, wie mächtig Liebe sein kann. Sich persönlich entfalten und dabei eng verbunden sein muss sich nicht widersprechen. Gemeinsam wachsen, ohne sich anzugleichen; Spannungen austragen und dennoch in Harmonie leben, kann gelingen. Immer dann, wenn wir Trennungen überwinden und uns lieben, können wir das erleben.

Weil dies so ist, sehnen wir uns danach zu lieben. Aus diesem Grund geht uns die Liebe unbedingt an, diese ganz irdische Erfahrung, die so himmlisch wirkt.

Ilona Nord

Mit sechzehn

Der amerikanische Schriftsteller Mark Twain hat einmal sein Verhältnis zum eigenen Vater so beschrieben: Als Fünfjähriger war ich überzeugt, Papa weiß alles. Als Achtjähriger: Papa weiß fast alles. Als Zwölfjähriger: Vater weiß noch lange nicht alles. Als Fünfzehnjähriger: Mein alter Herr hat keine Ahnung. Als Dreißigjähriger: Ich sollte vielleicht doch vorher mal Papa um Rat fragen. Als Fünfzigjähriger: Tja, wenn Vater noch lebte, der könnte mir bestimmt sagen, wie ich das jetzt richtig mache.

Eine Lebensgeschichte im Zeitraffer. Ich gestehe, ein wenig erinnert sie mich auch an mein eigenes Leben, an mein Verhältnis zu Autorität und an einen Lebensprozess, den ich noch nicht am Ende sehe. Das gilt für den Lauf meines Lebens ebenso wie für mein Verhältnis zu anderen Menschen. Ich denke über sie nach, beurteile sie und leicht bin ich geneigt, sie zu verurteilen. Urteilt nicht, stellt keinen auf die Seite, richtet nicht, damit ihr nicht gerichtet werdet, hat der Mann aus Nazareth gesagt. Kurz und gut, ich lese das Ganze in meiner Familie unserem Filius vor – und was sagt der dazu? „Blödsinn." Er ist sechzehn.

Friedrich Dietz

Gemüsesuppe

Das war vielleicht ärgerlich. Da stehe ich eine geschlagene Stunde in der Küche, putze Gemüse, schäle und schnipple, koche eine wunderbare Suppe – und dann das: Die von der Schule heimgekehrten Kinder kräuseln schon in der Haustüre die Nase. „Was gibt es denn?" fragen sie lauernd. Als ahnten sie das Schlimmste. Als ich freudig „Gemüsesuppe" antworte, brechen sie in lautes Protestgeheul aus. Stochern nachher in den Tellern, schieben lustlos das Gemüse hin und her und haben dann ganz schnell überhaupt gar keinen Hunger mehr. Obwohl solche Szenen immer wieder mal vorkommen, bin ich doch enttäuscht. Bei den lustlosen Löffeleien der Kinder fällt es mir gar nicht so leicht, trotzdem mit Genuss zu essen. Dabei finde ich die Suppe wirklich gut geraten.

Ob es Gott auch manchmal so geht? Da hat er eine wunderbare Welt erschaffen mit Meer und Gebirge, großen Elefanten und kleinen Krabbeltieren, mit Gewitter und Sonnenschein. Aber die Menschen sind oft nicht damit zufrieden. Im Winter ist es zu unwirtlich, im Sommer stöhnt alles über die Hitze, und wenn es dann regnet, ist es auch wieder nicht recht. Das schöne Meer ist gefährlich, Elefanten fallen schon mal in Obstplantagen ein, und die kleinen Tiere, wie Schnecken zum Beispiel, die fressen den Salat und die Erdbeeren. Immer gibt es Klagen.

Vielleicht beugt sich Gott dann manchmal über seine Welt, schüttelt den Kopf und denkt sich: Schade, dass die Menschen so oft unzufrieden sind. Alles andere ist mir eigentlich ganz gut geraten!

Martina Patenge

Lebensspuren in einem Buch

Es gibt Bücher, denen sieht man an, dass sie gelesen wurden. Nicht einmal, nicht zweimal. Sondern immer wieder.

Das Buch, das ich in den Händen halte, ist so eines. Kaum handgroß und drei Zentimeter dick. Der ehemals schwarze Schweinsleder-Einband ist völlig abgewetzt, der Rücken eingerissen, das braune Vorsatzblatt sieht aus, als hätten die Mäuse daran geknabbert. Es ist die Bibel meiner Mutter.

Die Bibel gehört zu den wenigen Dingen, die ich aus dem bescheidenen Nachlass an mich genommen habe. Aus einem Impuls heraus. Sie hatte auf ihrem Nachttisch gelegen. Ich aber stellte sie in meinen Bücherschrank und vergaß sie erst einmal. Als ich nach Jahren eher zufällig danach griff, wollte ich meinen Augen nicht trauen. Da hatten uns die Eltern immer wieder gepredigt, dass man in Bücher nichts hineinschreibt, dass auch Unterstreichungen ungehörig sind. Und nun das: Unterstreichungen ohne Zahl. Mit Bleistift, Tinte, Kuli, Rotstift. Dazu Randbemerkungen, Einrahmungen, Daten, Namen, das Deckblatt vollgeschrieben mit Texten und Verweisen.

Ich war sprachlos. Und begriff: Dieses Buch war kein Kultgegenstand, sondern ein Alltagsbegleiter gewesen. Ein Gesprächspartner, an dem man immer neue Seiten entdeckt und auf den man reagiert: durch Unterstreichungen, Fragezeichen, Kommentare.

Der erste Eintrag stammt vom 20. März 1927. Die 14-Jährige hat ihren Konfirmationsspruch notiert. Ein Wort aus dem Johannes-Evangelium: „Ich bin der Weinstock, ihr seid die Reben. Wer in mir bleibt und ich in ihm, bringt viele Frucht." Später hatte dieselbe Hand mit Bleistift dazugefügt: „Denn ohne mich könnt ihr nichts tun."

Drei Jahre später, 1930, hat die Besitzerin der Taschenbibel, nunmehr 17-jährig, einen weiteren Satz notiert. Kein Bibelwort und trotzdem ein Vermächtnis: „Sei Herr Deines Willens und Knecht Deines Gewissens." Von Vater, als ich von daheim fortging, steht mit Bleistift darunter. Danach in dichter Folge: die Fundstellen des Trautextes, der Taufsprüche der vier Kinder, ihrer Konfirmationssprüche, des Grabspruchs der Großmutter, zuletzt der Hinweis auf die Beerdigung meines Vaters: Psalm 71, Vers 20, 28. November 1980: „Denn du lässest mich erfahren viele und große Angst und machst mich wieder lebendig und holst mich aus der Tiefe der Erde herauf."

Ich bin betroffen, angerührt. Und ich schäme mich ein bisschen. Denn niemand hat in dieser Chronik nachgetragen, was doch auch noch hineingehört: den Grabspruch der Chronistin und lebenslangen Bibelleserin.

Das selbstständige Bibellesen war einmal ein Charakteristikum der Protestanten. Es ist weidlich in Vergessenheit geraten. Die Bibel als Ganzes gilt als schwierig, als ein Geschichtendschungel, der uns überfordert.

Nun auf einmal wurden mir die Bibelnotizen meiner Mutter zu einem schmalen, aber vertrauten Pfad, auf dem ich mich in den Dschungel hineinwagte. Was war denn mein Taufspruch gewesen? Was mein Konfirmationsspruch? Und was hat es auf sich mit dieser Bibelstelle, zu der die Mutter notierte: 2. Februar 1978, im Krankenhaus? Ich schlug das Buch auf und fing an zu lesen. Auch so kann die Bibel auf einen zukommen.

Gisela Brackert

Konkurrenten

Die meisten Dinge werden kleiner, wenn man sie teilt. Manchmal denken wir, dass dazu auch die Liebe gehört.

Ich soll als kleines Kind zu meiner Mutter gesagt haben: „Schmeiß sie doch aus dem Fenster raus, dann ist Ruhe!" Es ging um meine kleine Schwester, die ein paar Tage vorher geboren war. Ich war gerade zwei Jahre alt. Meine Schwester lag in ihrem Bettchen und schrie, wie das ein Säugling eben tut. Ich wollte das Problem ein für alle Mal erledigen. Mit meinen zwei Jahren konnte ich mir das so vorstellen: „Schmeiß sie aus dem Fenster raus!" Schließlich war ich es doch, die in der Familie ein Recht hatte zu schreien.

Später habe ich mich über meine Schwester richtig gefreut, wollte sie beschützen und war stolz auf sie. Aber zuerst, da war ich wohl ziemlich zornig, weil ich nun nicht mehr ganz allein die Liebe und Aufmerksamkeit meiner Mutter hatte. Es ist nicht einfach für die Erstgeborenen, auf einmal zu zweit zu sein. Der neue Mensch wird auch als der Rivale erlebt, mit dem ich jetzt teilen muss. Eine typische Reaktion: Die große Schwester oder der große Bruder konnten schon eine Menge. Jetzt können sie auf einmal nicht mehr sprechen, nicht mehr laufen und machen wieder in die Hose. Sie wollen auch wieder ein Baby sein, um das man sich kümmern muss. Das gibt sich meistens wieder schnell. Aber es dauert eine Weile, bis ein Kind gelernt hat, zufrieden mit der neuen Gemeinschaft zu sein. Bis es verstanden hat und spürt, es hat sich zwar etwas verändert, es ist aber genauso geliebt wie das neu angekommene Kind. Manchmal allerdings gelingt das nicht. Da fühlt sich einer noch als Erwachsener als zu kurz gekommen, fühlt sich zu wenig beachtet und geliebt. Viele können dieses Gefühl gar nicht genau benennen. Aber sie merken es irgendwann daran, dass sie sich abrackern, immer wieder. Sich Bestätigung suchen, viel leisten und doch im Tiefsten unzufrieden sind. Sie suchen etwas Bestimmtes. Das Gefühl, wirklich angenommen und geliebt zu sein. Und das bekommt man ja nicht durch seine Leistungen, so gut die sein mögen und so wichtig. Jeder Mensch hat eine tiefe Sehnsucht, so geliebt zu sein, wie er oder sie eben ist, ganz unabhängig von Anstrengungen und vorzeigbaren Taten. Das gilt natürlich auch für jüngere Geschwister.

„Schmeiß sie doch aus dem Fenster raus!" Es ist gut, wenn Eltern verständnisvoll mit dem Zorn ihres älteren Kinds umgehen und es deshalb nicht verurteilen. Ihm vielmehr vermitteln, dass sie es so lieb haben wie früher, auch wenn sie jetzt noch andere Aufgaben haben. Bei Kindern ist das eine Phase, die mit Verständnis vorübergeht. Wer aber bis zum Erwachsensein seinen Zorn nicht überwunden hat, sondern nur unterdrückt, der handelt oft mit üblen Folgen. Der Zorn richtet sich gegen andere, versucht denen zu schaden, die es vermeintlich oder wirklich besser haben. Die Bibel erzählt von dem schlimmsten Fall: Ein Bruder ermordet den anderen. Kain erschlägt seinen jüngeren Bruder Abel. Konkurrenz mit tödlichen Folgen. Nach dieser Tat zieht Gott Kain zur Verantwortung. Aber Gott zerstört ihn nicht. Kain kann weiterleben. Gott will, dass er und alle anderen begreifen: Es ist genug Liebe für alle da. Auch, wenn Eltern das nicht immer gut vermitteln konnten. Für die, die es als Kind nicht lernen konnten, ist es nicht zu spät. Sie können entdecken: Liebe ist kein Kuchen, der durch Teilen kleiner wird.

Heidrun Dörken

Zärtlichkeiten

Sie gehen vor mir her: eng umschlungen, die beiden, sie wollen einander nah sein, sich berühren. Zärtlichkeit, sie lebt von Zärtlichkeiten, so wie Freiheit von Freiheiten lebt. Zärtlichkeiten braucht das Kleinkind und brauchen Heranwachsende mit ihrem Bedürfnis nach fühlbarem Ausdruck von Geborgenheit. Sie gehen ihren Weg leichter, je besser es die Eltern verstehen, auf ihre Unausgeglichenheit mit Zuneigung und Zärtlichkeit zu antworten. Unauffällig und im richtigen Augenblick. „Mein Vater fuhr mir durchs Haar, als ich ihm alles erzählt hatte", so sagt es ein 14-Jähriger, „und das hieß für mich: Alles klar zwischen uns. O Mann, das war mir in dem Moment wichtiger als die neuen Fußballschuhe." Und was er von Vater und Mutter nicht erfährt, wo wird er sich besorgen, was ihm so dringend fehlt?

Das Wort „zart" weist den Weg zu einem tieferen Verständnis. Alles, was zart, also fein, zerbrechlich, verletzlich ist, will mit feinem Gefühl behandelt sein. Und da jeder Mensch in seiner Art verletzlich ist, will dieses Verletzliche respektiert und beschützt sein. Das bedeutet Zärtlichkeit. Deshalb ist sie zuerst einmal eine innere Haltung: Ich weiß, du bist verletzlich; also gehe ich behutsam mit dir um, rede ich feinfühlig mit dir, frage ich dich taktvoll und will von dir nur wissen, was du mir gern sagst. Deine Schwächen behandle ich so nachsichtig wie meine eigenen, und genauso respektiere ich deine Wünsche. Deine Sorgen nehme ich so ernst wie meine eigenen; deine Freude mache ich zu meiner Freude und dein Leid zu meinem Leid. Und ich will mit dir nur zärtlich sein und dich berühren, wenn es dir Freude macht. Zärtlichkeit heißt: Ich mag dich, und ich möchte dir zeigen, dass ich dich mag.

Zärtlichkeit ist früher oft gleichgesetzt worden mit Begehrlichkeit. Aber Zärtlichkeit ist mehr als Einübung in Geschlechtlichkeit, freilich gerade in menschlicher Sexualität unerlässliche Voraussetzung. Sie gehört in die Liebe der Geschwister

98

ebenso wie in die Liebe zwischen Eltern und Kindern; in die Freundschaft junger Leute ebenso wie in die Beziehungen alter Menschen. Im Alltag der Ehe wird sie zur Energie, die Leben spendet.

Ich las von einem Jugendrichter, er habe bei Hunderten von Jugendlichen, die vor seinem Richtertisch standen, nicht ein einziges Mal wahrgenommen, dass ein Vater oder eine Mutter dem Verurteilten den Arm um die Schulter gelegt hätten, ihn also gleichsam eingehüllt hätten in ihre Verzeihung. Von jenem Vater in der Bibel dagegen erzählt Jesus in dem Gleichnis, in dem der davongelaufene Sohn zurückkehrt: Der Vater sieht ihn schon von weitem, hat also nach ihm ausgeschaut. Was tut er? Empfängt er ihn mit einem widerwilligen Händedruck, mit ein paar vorwurfsvollen Worten? Nein, „er fiel ihm um den Hals und küsste ihn". Genauso wenig ist Jesus selbst auf Distanz geblieben: Es heißt von ihm, er habe die Kinder in den Arm genommen; er habe Aussätzige und Blinde und den Taubstummen geheilt, indem er sie anrührte – eine Gebärde der zärtlichen Zuwendung. Die Leute wollten ihn berühren, er ließ die Menschen ganz nah an sich heran – nicht wie ein Psychotherapeut und auch nicht wie ein Seelsorger, sondern einfach als Mensch. Vom Heiligen Franz von Assisi sind die Sätze überliefert: „Streck deine Hand nicht aus, um an dich zu reißen oder gar um zu schlagen. Streck deine Hand aus, um zu liebkosen, zu helfen und zu heilen. So verwandelst du die Welt ringsum und in dir selbst."

Friedrich Dietz

Fest vergeben

Wenn wir mit unserer Familie verreisen und uns in unserer Ferienwohnung einrichten, geschieht es wie von selbst, dass binnen kürzester Zeit die Stammplätze am Esstisch verteilt sind, und man ist empört, wenn ein anderer sich auf den angestammten Platz setzt. Ehe ich mich versehe, hat sich eine Ordnung am Tisch eingelebt, die sogleich bewacht und verteidigt wird. Jeder von uns hat seinen Platz gefunden, und ich kann mich darauf verlassen, auch wenn ich zu spät komme, wird mein Platz nicht einfach besetzt sein.

Ähnliches beobachte ich auch in anderen Gruppen, selbst auf den Bänken im Park scheint es zu bestimmten Tageszeiten eine Sitzordnung zu geben. Auf diese Weise wird mir ein Ort vertraut und überschaubar. Es fällt auf, wenn ein bestimmter Platz leer bleibt, ich bemerke, wer fehlt. Die meisten Menschen suchen eine Ordnung in der Gestaltung ihres Tages. Das gibt Sicherheit und Vertrautheit. Und wenn einer vertraut ist mit seiner Umgebung, seinen Platz kennt und erlebt, dass ihm den keiner streitig macht, beginnt er, sich zu Hause zu fühlen.

Aber es gibt auch noch eine andere Seite der festen Plätze. Eine Frau besucht zum ersten Mal den Seniorennachmittag. Es war nun fast ein Jahr her, dass ihr Mann gestorben ist. Es fällt ihr schwer, in ihr Leben zurückzufinden. Denn alles, was bisher zu ihrer Ordnung gehört hat, ist durch den Tod ihres Mannes in Unordnung geraten. Nun beginnt sie, nach einem Platz für sich Ausschau zu halten. Der Seniorenkreis erscheint ihr eine Gelegenheit. Die Leiterin begrüßt sie freundlich und fordert sie auf, Platz zu nehmen. Die Frau kommt zeitig und viele Plätze an den gedeckten Tischen scheinen frei zu sein. In der Mitte sitzt schon jemand. Sie fasst sich ein Herz und fragt, ob es Recht sei, wenn sie neben ihr Platz nähme. „O nein, hier können sie nicht Platz nehmen, hier sitzt immer meine Freundin." „Verzeihung, dann setze ich mich einen Platz weiter." „Nein, das geht auch nicht, da sitzt immer Frau Wolf und daneben Frau Zimmermann." Enttäuscht bewegt sich die neu Hinzugekommene auf das äußerste Ende des Tisches zu. Doch auch hier wird ihr schon entgegengerufen, welche Plätze schon besetzt seien. Sie fühlt sich miserabel. Hier scheint es für sie keinen Platz zu geben. Sie geht nach Hause und ist sich sicher, nicht noch einmal zu dieser Veranstaltung zu gehen. Dort scheinen alle Plätze schon besetzt zu sein.

Als der Seniorennachmittag beginnt, gibt es noch eine ganze Reihe leerer Stühle. Vor lauter Bewachen der Stammplätze hatte man einfach vergessen, auf die freien Stühle zu weisen und einzuladen, dort Platz zu nehmen.

Manchmal, und das passiert nicht nur im Seniorenkreis, ist die Angst vor dem Verlust des eigenen Platzes oder des gewohnten Nachbarn, der Nachbarin wie eine Wand ohne Fenster. Sie schließt einen ein in den Kreis des Gewohnten und Vertrauten. Gäste, Fremde, Neue, sie haben es dann nicht leicht, hineinzufinden in diesen Kreis, weil sie wie Feinde oder Bedrohungen wahrgenommen werden.

Gäste, Fremde aufzunehmen, sie einzuladen an unseren Tisch, ist eine wohltuende Gabe. Das Erstaunliche ist: Wer einmal damit anfängt und es selbst ausprobiert, andere Menschen willkommen zu heißen, der verliert die Sorge, dass der eigene Platz verloren gehen könnte.

Christine Noschka

Weise werden

Heutzutage werden immer mehr Menschen immer älter. Das ist erfreulich. Die Medizin macht es möglich. Vor allem, wenn sie es möglich macht, den alternden Menschen ziemlich gesund zu erhalten, ist das nur zu begrüßen. Tatsächlich gibt es viele Seniorinnen und Senioren, die erstaunlich fit sind. Und selbst wenn man nicht mehr so ganz fit ist, immer mehr Ältere fühlen sich recht jung. Beim Altennachmittag – pardon, Seniorennachmittag! – unserer Gemeinde haben wir manchmal Probleme, mit unserer Einladung anzukommen. Da besucht man eine 80-Jährige zum Geburtstag und lädt sie zum Treffen der Senioren ein und bekommt zur Antwort: „Ach, da sind ja nur alte Leute. Da zieht es mich nicht hin. Dafür bin ich noch zu jung."

Alles schön und gut, aber längst nicht allen Menschen ist ein rüstiger, gesunder und sonniger Herbst des Lebens beschieden. Und an der Wahrheit, dass das Alter schließlich doch Beschwerden und Gebrechlichkeit mit sich bringt, führt kein Weg vorbei. Fitness mag als neues Ideal älterer Menschen erstrebenswert sein, aber ich fände es schade, wenn dabei alte Ideale aus dem Blick gerieten. Zum Beispiel eine gewisse Gelassenheit, mit der man an Alltagsprobleme herangeht. Viele Probleme, die die Jüngeren umtreiben, kann manch alter Mensch aus einer gewissen Distanz ruhiger beurteilen. Er hat den großen Vorsprung an Lebenserfahrung. Und es wäre ein Stück Weisheit der Jüngeren, wenn sie davon profitieren wollten. Sicher muss jeder seine eigenen Erfahrungen, auch seine eigenen Fehler machen. Aber angereichert durch die Erfahrungen Älterer werden eigene Erfahrungen noch fruchtbarer.

Gelassenheit hat, wie das Wort schon sagt, mit Loslassen zu tun. Loslassen können, Ämter und Aufgaben Jüngeren überlassen, auch wenn die es noch nicht so gut können, das alles ist ein Stück Altersweisheit. Gelassenheit hängt auch eng mit Humor zusammen. Ein älterer Mensch, der Humor hat und jüngere Fehler machen sieht, will nicht sofort korrigieren, sondern denkt daran, dass er die gleichen Fehler früher auch gemacht hat.

Das Wichtigste bei der Altersweisheit ist aber, dass sie das eigene Älterwerden wahrnimmt und annimmt, auch die unangenehmen Seiten des Alterns. Ein Gebet der heiligen Therese von Avila scheint mir ein wunderbarer, humorvoller Ausdruck dieser Weisheit:

„Herr, Du weißt es besser als ich, dass ich von Tag zu Tag älter und eines Tages alt sein werde. Bewahre mich vor der Einbildung, bei jeder Gelegenheit und zu jedem Thema etwas sagen zu müssen. Erlöse mich von der großen Leidenschaft, die Angelegenheiten anderer regeln zu wollen. Bei meiner ungeheuren Ansammlung an Weisheit tut es mir ja leid, sie nicht weiterzugeben, aber du verstehst, Herr, dass ich mir ein paar Freunde erhalten möchte. Lehre mich schweigen über meine Krankheiten und Beschwerden, sie nehmen zu. Und die Lust, sie zu beschreiben, wächst von Jahr zu Jahr. Ich wage nicht, mir die Gabe zu erbitten, mir Krankheitsschilderungen anderer mit Freude anzuhören. Aber lehre mich, sie geduldig zu ertragen. Ich wage auch nicht, um ein besseres Gedächtnis zu bitten, nur um etwas mehr Bescheidenheit und etwas weniger Bestimmtheit, wenn mein Gedächtnis mit dem der anderen nicht übereinstimmt. Lehre mich die wunderbare Weisheit, dass ich mich irren kann. Lehre mich, an anderen Menschen unerwartete Talente zu entdecken, und verleihe mir die Gabe, sie auch zu erwähnen. Gib mir, Herr, ein Stück mehr Weisheit."

Harald Seredzun

Raus aus dem Nest

„Es ist wie bei den jungen Vögeln. Wenn es soweit ist, fliegt jeder allein." Ich erinnere mich noch gut an meine Gefühle, als meine Tochter laufen lernte und lange übte an Tisch, Sesseln und Regalen entlang und an der Hand von uns Eltern. Eines Tages war es soweit. Noch etwas unsicher tippelte sie vorsichtig allein und war sichtlich stolz auf sich. Meine direkte Hilfe war nicht mehr notwendig. Es tat mir zwar zunächst weh, nicht mehr gebraucht zu werden, aber ich wusste, es muss so sein. Sie muss allein gehen lernen. Sie konnte damit rechnen, im Notfall sind Mama oder Papa zur Stelle, um sie aufzufangen. Doch sie musste allein erproben, was sie kann. Wenn es soweit ist, müssen Kinder allein gehen, sonst können sie ihren eigenen Weg nicht finden.

Mir hilft es zu wissen, wie die Adler das mit ihren Jungen machen. Wenn es soweit ist, das Fliegen zu lernen, und die jungen Vögel das nicht von allein tun, dann werfen die Alten sie einfach aus dem Nest. Das scheint brutal. Aber die Adlereltern wenden sich nicht einfach ab, sondern sie beobachten ihren Nachwuchs. Wenn sie merken, dass die Jungen es doch nicht schaffen und abzustürzen drohen, dann breiten die Adlereltern ihre Schwingen aus, fliegen unter den gefährdeten jungen Vogel und tragen ihn eine Weile auf ihren Fittichen. Bis er schließlich wieder allein fliegen kann.

Dieses wunderschöne Bild finde ich in einem Kirchenlied wieder, in dem es von Gott heißt, „der dich auf Adlers Fittichen sicher geführet". Angenehm ist mir die Vorstellung, dass Gott sich mir nicht aufdrängt, mich nicht einengt, sondern mich wie Adlereltern auf seinen Fittichen trägt, wenn ich es brauche, mich aber auch wieder allein meinen Weg ausprobieren und gehen lässt. Mir ist klar geworden: Ich tue meine ersten Schritte allein, muss Entscheidungen letztlich allein treffen und werde auch meinen letzten Schritt im Sterben allein tun. Menschen können mir zwar zur Seite stehen, sie können mit mir üben, mich vorbereiten, aber den entscheidenden Sprung ins kalte Wasser muss ich allein tun. Vielleicht rechne ich manchmal zu wenig damit, getragen zu werden, und verzage deshalb sehr schnell. Oft gehe ich ein Wagnis nicht ein, schiebe eine notwendige Entscheidung vor mir her. Dann erinnere ich mich an das Bild vom Adler und seinen Jungen.

Annemarie Melcher

8 Dem Unrecht widerstehen

Knoten im Seil

Wo gestritten und gekämpft wird, bleiben Spuren zurück. Auch Jakob hat das begreifen müssen. Fast eine ganze Nacht lang hat er sich mit Gott im wahrsten Sinne des Wortes „herumgeschlagen". Erst als die Sonne aufgeht, ist Friede. Und Jakob geht weg vom Fluss Jabbok als Freund Gottes. Nach einer durchkämpften Nacht vertragen sie sich wieder. Aber etwas ist dem Jakob geblieben: Er hat sich beim Kämpfen die Hüfte verrenkt. Und nun hinkt er etwas und kriegt das nicht mehr los. Eine Geschichte aus einem der ersten Kapitel der Bibel, die uns zum einen zeigen will, wie handfest Menschen mit Gott umgehen können. Und gleichzeitig macht sie uns klar: Wo gestritten wird, wo Kämpfe stattgefunden haben, da bleiben auch dann Spuren zurück, wenn sich die Gegner wieder vertragen.

Dass wir die Spuren der Auseinandersetzungen mit uns herumtragen und sie auch nach Friedensschlüssen behalten, ist so selbstverständlich nicht. Häufig gehen Menschen nach durchkämpften Nächten, manchmal auch nach durchkämpften Monaten und Jahren, endlich im Frieden auseinander. Sie meinen es gut, wenn sie sich vornehmen: „Schwamm drüber" oder „Wir fangen wieder da an, wo wir aufgehört haben. Wir sagen uns einfach: Es ist nichts gewesen." Aber dass es so nicht geht, merken sie spätestens, wenn sie sich wieder begegnen. Ja, sie haben sich verziehen, sie können sich offen und ohne Hintergedanken anschauen. Trotzdem hinken sie gewissermaßen noch. Denn auch das, was es an schwierigen und ärgerlichen Phasen ihres Lebens gab, bleibt ein Teil von ihnen.

Wir machen häufig den Fehler, dass wir uns selbst vornehmen und von anderen verlangen: vergeben heißt auch vergessen. Und das ist zu viel verlangt. Erinnerungen an Schäden und Verletzungen, die es einmal gab, lassen sich nicht einfach vergessen. Es kommen immer wieder Augenblicke, wo alte Wunden weh tun. Dann ist es eine Überforderung, zu vergessen und so zu tun, als sei nichts gewesen. Denn unter der Oberfläche rumort und schmerzt es weiter.

In dieser Hinsicht jedenfalls sind wir nun mal keine Zauberer. Die bringen es fertig und schneiden ein Seil auseinander und machen es dann flugs mit ein paar schnellen Bewegungen und ein bisschen Hokuspokus wieder ganz. Es muss ein Trick dabei sein. So etwas gibt es nur auf der Bühne oder in der Zirkusarena. Nur dort werden gerissene Seile geflickt, ohne auch nur eine Spur zu hinterlassen. Wir Nicht-Zauberer, wir Normal-Sterblichen behalten immer die Spuren, trotz aller Bemühungen. Wenn ich ein zerrissenes Seil flicke, bleibt am Ende immer ein Knoten. Das ist nun mal so. Und es ist nicht schlimm. Denn wenn der Knoten gelungen ist, kann er so lange halten wie ein unbeschädigtes Seil.

Was einmal zerrissen war, kann nicht spurlos zusammenwachsen. Ein Knoten bleibt. Wo einmal der Streit regierte, können Menschen wieder Frieden machen, aber sie müssen mit den alten Verletzungen leben. Warum auch nicht? Denn Erfahrungen, die wir gemacht haben, sind ein kostbares Gut. Fehler, die wir im Nachhinein beklagen, Missverständnisse, die zu Stande kamen, haben ja zumindest darin einen Sinn, dass wir daraus lernen. Deshalb brauchen wir die Erinnerung, brauchen die Spuren der Vergangenheit, brauchen auch den Knoten in dem Seil, das uns verbindet.

Hans Erich Thomé

Ich bin ein Stern

„Kennt auch dich und hat dich lieb", das ist die letzte Zeile des alten Kinderliedes „Weißt du, wie viel Sternlein stehen". In früheren Zeiten ist das Lied überaus populär gewesen. Ob es heute noch gesungen wird? Das Lied von den vielen Sternen am blauen Himmelszelt – es ist ein einfaches Lied. Einfach ist die Melodie. Einfach sind die Worte. Worte, die an immer neuen Beispielen das Unendliche vor Augen führen. Unüberschaubar, unzählbar. Sie sagen, dass ein Gott ist, der das alles schon kennt, der alle bereits gezählt hat und der sogar die Fische mit Namen rief, so dass sie alle ins Leben kamen. Ein einfaches Lied. Ein Lied von der großen Kraft der Geborgenheit. Vielleicht ist es mit der Geborgenheit so ganz und gar einfach.

„Weißt du, wie viel Sternlein stehen" – das Lied ist am Anfang des letzten Jahrhunderts als Volkslied bekannt geworden. Aber es hat seine Wurzeln in biblischer Sprache. „Wenn ich sehe die Himmel, deiner Finger Werk, den Himmel und die Sterne, die du bereitet hast, – was ist der Mensch, dass du seiner gedenkst." Worte des Staunens sind das. Der Mensch scheint vergessen unter der Weite des Himmels. Und trotzdem lässt Gott niemanden los. Gott bleibt dem Menschen doch nah. „Kennt auch dich und hat dich lieb."

„Ich bin ein Stern", so heißt ein kleines Buch, das ältere Kinder durchaus schon lesen können. Inge Auerbacher hat es geschrieben als autobiografischen Bericht über ihre traurige und schmerzvolle Kindheit. Im Alter von sieben Jahren ist sie in ein Konzentrationslager deportiert worden: Treblinka. Am Ende des Zweiten Weltkrieges war Inge Auerbacher das einzige jüdische Mädchen aus Württemberg, das die deutsche Judenverfolgung überlebt hatte. Ihren Erinnerungen hat sie ein Gedicht vorangestellt, „Ich bin ein Stern". Ein nachdenklicher Text ist es bis heute geblieben, ein Text über den Judenstern, den auch das Kind Inge Auerbacher in Deutschland zwischen den Jahren 1942 und 1945 tragen musste. „Wenn sie über mich lachen, wenn sie mich schelten, für mich soll der Stern etwas anderes gelten. Sie sind von Gott, die Sterne der Nacht. Auch mich, auch mich hat er gemacht." Worte eines verfolgten, eines zutiefst bedrohten Kindes. Schützende Worte des Trostes. Worte von der Menschenwürde. Menschen hatten brutal ein Zeichen der Schande erfunden. Das jüdische Mädchen aber hat das Zeichen von Gottes Nähe bewahrt: den Stern.

Die Worte des Liedes sind einfach. Einfach singt sich seine Melodie. Aber das Lied ist kein Kinderkram. Denn es braucht Erwachsene, die nicht nur nach Höherem streben und die sich nicht verlieren im Vielerlei. Frauen und Männer braucht es, die dem Kleinen treu bleiben, seine Würde achten und Schutz bieten, wo Schrecken droht. Und gelegentlich, so vermute ich, tut es uns Erwachsenen selbst gut, wenn wir in den Tag gehen mit den Worten, als Worte für uns: Kennt auch dich und hat dich lieb.

Christoph Busch

'tschuldigung

'tschuldigung! Das ist schnell gesagt, oft im Vorübergehen. Dazu ein freundlich-bedauerndes Lächeln und zwei wehrlos erhobene Hände. Das zusammen ergibt die kürzeste Form dieses so heilsamen Vorgangs, der im Wort „'tschuldigung" zusammengefasst ist. Genauso knapp kann darauf ein „schon gut" folgen, und die Sache ist erledigt. Das ist dann der sekundenschnelle Idealfall einer Entschuldigung. Das funktioniert aber nicht immer so knapp und *en passant!*

Manchmal sind die, denen Unrecht getan wurde, mit dem bloßen Wort „'tschuldigung" nicht zufrieden und vermuten, das sei nur so dahingesagt und nicht ernst gemeint. Tatsächlich klingt dieses Wörtchen manchmal fast vorwurfsvoll und verliert dadurch seinen Sinn: 'tschuldigung!

„Ich entschuldige mich." Manche bringen das nur zähneknirschend heraus und meinen, damit sei dann alles erledigt. Der Satz ist gesagt, und dann kann keiner mehr meckern. Aber kann ich mich wirklich selbst entschuldigen? Kann ich mir die Schuld, die ich mir aufgeladen habe, wirklich selbst nehmen? „Was passiert ist, das tut mir leid, ich bitte dich um Entschuldigung." Das ist die vollständige Bitte.

Jemand erkennt an, dass er etwas falsch gemacht hat, dass er schuldig geworden ist. Es tut ihm leid, er oder sie bittet um Entschuldigung und wartet dann auf das lösende Wort, „gut, ich verzeihe dir".

Wer einsieht, schuldig geworden zu sein, muss sich auch entschließen, so nicht weiterzumachen, muss sich vornehmen, sich die gleiche Schuld möglichst nicht wieder aufzuladen. Buße nennt das die Bibel, das bedeutet dasselbe wie Umkehr. Buße tun heißt umkehren und einen anderen Weg einschlagen.

Und noch eine kleine Hürde gehört dazu: Wer um Entschuldigung bittet, muss es aushalten, ein Bittender zu sein. Da ist das Gleichgewicht einer Waage zu meinen Ungunsten verschoben. Ich bin schuld an einer Ungerechtigkeit, und das möchte ich wieder ins Lot bringen. Da bleibt es nicht aus, dass ich mich einen Moment lang selbst klein mache, so lange bis ein Wort der Vergebung mich wieder aufrichtet.

Eine berühmte Begebenheit als Beispiel: Im Jahr 1970 war der damalige Bundeskanzler Willy Brandt zu einem Staatsbesuch in Polen. Am Denkmal für die im Warschauer Getto umgekommenen Juden war wie üblich der Kranz niedergelegt, die Ehrenformation stand stramm, alles ging den etwas steifen protokollarischen Gang. Da kniete Willy Brandt plötzlich vor dem Denkmal auf dem regennassen Asphalt nieder. Er hielt den Kopf gesenkt und schwieg. Stellvertretend für sein ganzes Volk kniete er da. Mit dieser Geste bat er um Entschuldigung, um Vergebung, das haben damals alle gespürt. Eine mutige Tat der Versöhnung war das, die viel zur Überwindung von Schuld beigetragen hat. Er machte sich für alle sichtbar klein, in der Hoffnung, dass sein ganzes Volk entschuldigt und wieder erhoben, wieder auf die Füße gestellt werden kann, damit wenigstens ein Anfang gemacht wird.

Er hielt es aus, für alle Welt sichtbar klein zu sein. Er ging nicht zu schnell über die Sache hinweg. Ich bitte um Entschuldigung, ich bitte, meinem Volk die Schuld zu vergeben, wenn das möglich ist, das sollte der Kniefall sagen.

In Warschau ging es um unermessliche Schuld. Im Vergleich zu dem, was dem polnischen Volk von Deutschen angetan worden ist, ist das, was in meinem Alltag vorkommt, eine Kleinigkeit. Das Prinzip ist dennoch dasselbe. Auch bei den kleineren Dingen, die zwischen Menschen stehen können, muss ich meine Schuld erkennen, einsehen, dass ich schuld bin, mich klein machen, um Entschuldigung bitten und warten, ob mir jemand wirklich vergibt. So viel Zeit muss sein, damit aus wirklicher Vergebung neues Leben entstehen kann.

Peter Kristen   113

Schild Davids

1941 wurde es Gesetz: Alle Juden, die älter als sechs Jahre alt sind, müssen einen gelben Stern an ihrer Kleidung tragen. Der so genannte Judenstern wurde auf Jacken, Hemden und Mäntel aufgenäht. Zunächst, mit Beginn des Krieges 1939, hatte man ihn in den besetzten Ostgebieten eingeführt, dann ab 1941 im gesamten Reichsgebiet.

Die Erinnerung an diese Zeit tut weh, doch wir haben uns ihr zu stellen. Sich an das Unrecht zu erinnern, das mitten unter uns geschehen ist, ist das Wenige, das wir tun können.

Die Menschen, die die Nationalsozialisten als Juden bezeichneten – und das waren nicht nur die, die sich selbst zum Judentum bekannten – hatten damals schon seit Jahren mit immer neuen Schikanen und Einschränkungen zu leben. Längst durften sie keine öffentlichen Verkehrsmittel mehr benutzen. Es war ihnen nicht erlaubt, Bücher und Zeitungen zu kaufen, Autos und Motorräder zu besitzen, Gewerbe und Handwerk zu betreiben. 1938 mussten die noch vorhandenen jüdischen Geschäfte und Betriebe innerhalb kürzester Zeit zu Schleuderpreisen verkauft werden. Man nannte das die „Arisierung jüdischer Betriebe". Kurz darauf wurden alle jüdischen Rechtsanwaltskanzleien geschlossen. Den Juden war aber auch verboten, bestimmte Parkanlagen zu besuchen oder den „deutschen Wald" zu betreten. Ein jüdisches Mädchen wurde im Herbst 1938 mit ihren Freundinnen von Mitgliedern der Hitlerjugend im Taunus verprügelt, als sie dort auf einer Waldwiese bei Oberursel ihre mitgebrachten Brote essen wollten: „Juden dürfen unseren Taunus nicht besuchen!"

Zwei Jahre nach Kriegsbeginn dann der gelbe Stern. Zwei gleichseitige Dreiecke sind zu einem Sechseck, einem Hexagramm, ineinandergewoben. Es ist ein altes religiöses Symbol des Judentums und ab 1897 das Zeichen des Zionismus. Es stellt eigentlich keinen Stern dar, sondern einen Schild, den

„magen dawid", wie die hebräische Bezeichnung für den Schild von König David heißt. Ein Schild schützt. Gott selbst wird in der Bibel als Schild und Schutz des Menschen bezeichnet. In einem Psalm Davids heißt es: „Gott ist mein Schild und der Berg meines Heils, mein Schutz und meine Zuflucht. Gott ist ein Schild allen, die ihm vertrauen!" Der Schild des großen Königs David erinnerte die Juden Jahrtausende später daran, dass Gott sein Volk, alle die ihm vertrauen, beschützen würde. Und nun wurde dieses Hoffnungssymbol zur Zwangskennzeichnung verwendet. Was David schützte, setzte die Juden der Verfolgung aus.

Hatte Gott sein Volk verlassen? Hatte er seine Kraft verloren? Dass ausgerechnet der Davidstern von den Faschisten zum Erkennungszeichen der verfolgten Juden gemacht wurde, war auch eine Verhöhnung ihres Gottes. Dass der Gott der Juden auch der Gott der Christen ist, haben damals zu wenige begreifen wollen.

Die faschistische Verfolgung der Juden war auch eine Verfolgung Gottes. Und Gott? Gott lässt sich das gefallen? In der Theologie nach Auschwitz wurde vom leidenden Gott gesprochen. Von einem Gott, der mit seinem Volk in die Gaskammern geht, einem Gott, der alle Entwürdigungen, alle Verbrechen, die Menschen Menschen antun können, mit erduldet und erleidet. Nicht wenige, Juden und Christen, haben ihren Glauben an Gott dadurch verloren. Aber andere haben Gott neu gefunden, den Gott, der solidarisch mit den Schwachen und Gefolterten ist, der bis in die tiefsten Tiefen menschlichen Leides mitgeht. Und so ist der „magen dawid", der gelbe Schild des David an den Kleidern und Wohnungen der gejagten und entrechteten Juden, gegen alle faschistische Absicht das Kennzeichen für den Gott, der seinem Volk gerade in Leid und Tod nahe ist.

Helwig Wegner   115

Gottes Reue

„Gott reute es, dass er das getan hatte." In der Bibel gibt es gleich mehrere Male diesen erstaunlichen Satz. Dass Gott etwas bereut, diese Vorstellung ist vielen fremd. Sie bringen es nicht zusammen damit, dass Gott für sie unwandelbar ist und unveränderlich. Dazu gehört das Bild, dass Gott nichts verkehrt macht. Er wandelt sich nicht und braucht nicht umzukehren.

Die Bibel denkt anders. Für sie ist wichtiger, vom lebendigen Gott zu erzählen, wichtiger als sture Richtigkeit und Geradlinigkeit. Zum lebendigen Gott gehört Reue, umkehren, einen anderen Weg einschlagen, wenn der erste verkehrt war.

Gott bereute zum Beispiel, dass er Saul zum König über Israel gemacht hatte. Das Volk hatte einen König gewollt, gegen Gottes Willen. Und Gott gab dem Volk, was es wollte. Saul wurde der erste König Israels. Doch Saul verfällt der Arroganz der Macht. Er regiert ungerecht. Daraufhin „gereute es Gott, dass er ihn zum König gemacht hat". Gott schiebt nicht dem Volk die Verantwortung zu nach dem Motto: Habe ich euch nicht gewarnt? Gott nimmt sie auf sich.

Menschen fällt es schwer, etwas zu bereuen, zu sagen: Ich habe etwas falsch gemacht, jetzt will ich es anders machen. Ein Geständnis kann man erzwingen, Reue nicht. Sie ist immer freiwillig. Zu ihr gehört, dass es einem ehrlich Leid tut. Und dass man es besser machen will, wenn es möglich ist.

Etwas zu bereuen ist offenbar besonders schwer, wenn jemand Verantwortung hat. Es wird schwerer, je mehr Macht jemand ausübt. Politikerinnen und Politiker kommen mir in den Sinn. Fast nie sagen sie: „Ich habe mich geirrt, ich habe einen Fehler gemacht." Selten Reue, höchstens Rücktritt. Aber man kann dieses Verhalten nicht allein in der Politik beobachten. Hier wird nur öffentlich, was wohl den meisten Probleme macht: seine Fehler auf sich zu nehmen, sie zu bereuen. Mütter und Väter zum Beispiel. Wie schwer fällt es ihnen, ihren Kindern zu sagen: „Ich habe zu laut geschrien. Oder ich hab dich ungerecht behandelt. Es tut mir leid." Ähnlich bei Lehrern und Vorgesetzten. Bei allen, die ein Vorbild sind, Verantwortung für andere tragen und damit Macht haben.

Wenn wir uns Gott vorstellen als einen Mächtigen, der immer alles sofort richtig macht und alles im Voraus weiß, dann übertragen wir unsere Machtträume auf ihn. Den Traum von absoluter Autorität, den Traum, unangreifbar zu sein.

Aber Gott: Statt beim einmal gewählten Weg zu bleiben, gibt er diesen Weg auf. Gott wandelt sich. Gottes Reue stellt die Art in Frage, wie Menschen Macht ausüben. Sie stimmt nicht überein mit gängigen Vorstellungen von Macht. Zu gerne meinen wir, in führender Stellung als Vater, Mutter oder Chefin alles wissen und entscheiden zu können. Auf keinen Fall einen Fehler zu machen und am besten immer gleich perfekt zu sein. Im schlimmsten Fall führt das dazu, dass jemand mächtiger wird als ihm zusteht, auf Kosten der Mitmenschen.

Gott kann umkehren. Gott ist nicht kleiner durch diese Reue, sondern größer, als wir uns vorstellen können. Er zeigt uns damit den einzigen Weg, wie Macht menschlich bleibt. Wenn wir sagen können: Das war falsch. Diese Reue macht einen neuen Anfang möglich.

Heidrun Dörken

Feiern mit Feinden

Ein alter chinesischer Kaiser hatte vor, das Land seiner Feinde zu erobern und sie alle zu vernichten. Später sah man ihn mit seinen Feinden speisen und scherzen. „Wolltest Du nicht Deine Feinde vernichten?", fragte man ihn verwundert. Der Kaiser antwortete: „Ich habe sie vernichtet. Ich machte sie zu meinen Freunden." Diese Antwort passt nicht in das allgemein verbreitete Denken vom Umgang mit Feinden. Ich meine nicht nur die großen Konflikte in der Welt, sondern auch die vielen alltäglichen Kriege, die Menschen untereinander führen: am Arbeitsplatz, in der Schule, in der Familie. Wenn mir einer dumm kommt, wenn mir seine Art nicht passt, dann muss ich mich durchsetzen, muss ich den anderen kleinkriegen. Und da gibt es viele Mittel und Wege, die langsam, aber sicher zum Erfolg führen. Mobbing nennt man das in der Arbeitswelt. Und diese Kriege machen allen das Leben schwer. Denen, die sie führen, und erst recht denen, gegen die sie gerichtet sind.

Wie wäre es denn, wenn man einmal dem Beispiel des Kaisers zu folgen versuchte? Den anderen nicht vernichten, sondern sich ihm zuwenden, ihn sich zum Freund machen. „Ihr habt gehört", sagt Jesus in der Bergpredigt, „dass gesagt worden ist: Du sollst deinen Nächsten lieben und deinen Feind hassen. Ich aber sage euch: Liebt eure Feinde und betet für die, die euch verfolgen." Das geht doch gar nicht, höre ich sagen, das ist doch weltfremd! Doch sind wir einmal ehrlich – wer von uns hat es schon einmal versucht?

Winfried Engel

9 Was zu Gebote steht

Tun und lassen

„Zieht euch nicht selber das Verderben zu durch das Werk eurer Hände." Ein Satz aus der Bibel, ein weiser Satz. Mit meinen Händen kann ich viel schaffen, aber auch viel anrichten. Manchmal, so scheint es, sogar das eigene Verderben. Den Ast absägen, auf dem man sitzt – unsere Redensart weiß genauso wie das alte Bibelwort: Nicht alles, was wir anfassen, gelingt.

Ich glaube, manchmal besteht die Kunst gerade darin, nichts zu tun. Einfach: nichts. Manchmal ist es besser, Abstand zu halten, nicht gleich zuzupacken, sondern die Hände in den Schoß zu legen. Eltern lernen das, wenn die Kinder groß werden. Ein Bereich nach dem anderen wird von den Kindern selbst in die Hand genommen. Mütter und Väter, die bisher schnell bei der Hand waren, müssen sie nun alleine machen lassen. Abwarten, zuschauen, hoffen, das können sie, aber handeln müssen die Kinder alleine lernen, wenn sie größer werden.

Aber Vorsicht, in diesem Satz steckt keine Begründung für die, die sich aus allem raushalten und am liebsten nur zusehen wollen. Es gibt genügend Situationen, in denen es gerade darauf ankommt, dass wir handeln. Zivilcourage ist dann erforderlich. Und dass wir schnell eingreifen. Wenn wir sehen, dass wir anderen helfen können, dass wir anderen helfen müssen. Da kann entscheidend viel davon abhängen, dass ich nicht erst zögere, dass ich nicht vor lauter Skrupeln die entscheidende Möglichkeit verpasse. Keine Frage, es gibt immer wieder den Augenblick, in dem ich mit meinen eigenen Händen eingreifen muss. Selbst wenn ich persönlich einen Nachteil davon habe.

„Zieht euch durch das Werk eurer Hände nicht selber das Verderben zu!" Diese Worte aus dem „Buch der Weisheit" ermutigen nicht die, die nichts tun, um nichts falsch zu machen. Nein. Diese Warnung erinnert daran, dass der Mensch für sein Tun und Lassen verantwortlich ist. Wenn wir erfolgreich sind und erreichen, was wir uns vorgenommen haben, bestreitet das auch kaum einer. Glück und Erfolg verdanken wir uns selbst! Nach einer Umfrage sind es immerhin 80 Prozent der Menschen, die das so sehen. Sie sagen: Das Glück muss man sich selbst erarbeiten. Dagegen fällt es uns meistens schwer, die Schuld für den Misserfolg oder sogar für regelrechte Katastrophen bei uns selbst zu suchen. Das wird schnell anderen, dem Schicksal oder Gott angelastet. Das Verderben, in das Menschen geraten können, hat viel öfter, als wir meinen, seinen Grund im eigenen Handeln, im „Werk unserer Hände".

Fragt sich nur: Wie handele ich richtig und wann falsch? Gibt es dafür Hilfen? Gerade wenn wir nicht wissen, ob wir eingreifen, handeln oder aber eben darauf verzichten sollten, gerade dann können wir mit den Händen noch etwas ganz anderes machen. Wir können sie falten. Mit gefalteten Händen fällt es nämlich offensichtlich leichter, zu fragen und zu überprüfen, welcher Weg der richtige und welches Tun erforderlich ist. Betende Hände sind nicht die Hände passiver Menschen. Wer die Hände faltet, ist ein Mensch, der etwas von der Verantwortung für sein Leben und sein Handeln verstanden hat.

Wahrscheinlich wissen die, die diese Verantwortung für ihr Tun kennen, dass zum eigenen Handeln und Können noch etwas hinzukommen muss: der Segen Gottes. Eine gezielte Förderung unserer Taten, ohne die auch die beste Absicht und die geschicktesten Handlungen fehlschlagen können. Im 90. Psalm hat deswegen einer sein Gebet mit dem schönen Satz beendet, mit dem auch wir unsere Gebete abschließen können: „Gott sei uns freundlich und fördere das Werk unsrer Hände bei uns. Ja, das Werk unserer Hände wollest du fördern."

Helwig Wegner

Gas geben

Irgendjemand hat mit Pinsel und Farbe etwas an die Auto-bahnbrücke geschrieben. Erst beim vierten, fünften Vorbeifah-ren kann ich es entziffern. Ich lese die ungelenken Buchstaben: „Du stehst nicht im Stau, du bist der Stau. Ozon tötet. Steig ab, fahr Fahrrad. Doch auch du gibst Gas. Ach ..."

Ja, das wäre schön, wenn man so einfach absteigen könnte. Aussteigen, umsteigen. Stattdessen muss ich sehen, dass ich rechtzeitig komme, und dafür muss ich leider auch Gas geben, genau wie die anderen vor und hinter mir. Ein bisschen über-trieben ist die Forderung außerdem. Wie soll ich die Strecke mit dem Fahrrad schaffen? Und erst die anderen, für die das der tägliche Berufsweg ist!

Weiterfahrend schießt es mir durch den Kopf: Wer das ge-schrieben hat, hat entweder keine Ahnung, wie hektisch es im Leben der Leute normalerweise ist – oder was will er? Jeden-falls muss er sich den Hals verrenkt haben, um die Worte an-zupinseln. Die Worte mussten ja von oben gemalt werden, sei-tenverkehrt, durch die Gitterstäbe und wahrscheinlich nachts in der Dunkelheit.

Immer wieder muss ich unter dieser Autobahnbrücke mit der Aufschrift durch. Manchmal, wenn ich besonders wenig Zeit habe, erwische ich mit den Augen nur ein Wort: „Steig ab!" Oder dieses merkwürdige „Ach", das klingt ein bisschen resigniert, traurig. Als wüsste der schon, dass ich doch mein Fahrrad zu Hause lasse und mich nicht ändere.

Aber man kann es auch anders verstehen. Die Aufschrift an der Brücke als moderne Prophetie. Die großen Propheten Isra-els vor 2500 Jahren hatten auch oft solche scheinbar welt-fremden Ideen. Einer von ihnen, Jesaja, hat die seltsame For-derung aufgestellt, Gott solle den Himmel zerreißen und he-rabfahren auf die Erde und die Berge zerschmelzen lassen. Dann würden Menschen zittern vor Furcht und es endlich ler-nen, Gottes Gebote als Maßstäbe für ihr Leben zu achten. Statt einander zu übervorteilen und niederzumachen und dabei nur an sich selbst zu denken: das Leben des anderen zu respektieren wie das eigene. Als von Gott gegebenes Leben nämlich. Das war Jesajas Hoffnung, sein prophetischer Impuls. Er dachte, Menschen brauchen eine derartige Erschütterung, um aufzuwachen.

Da klingen die Worte an der Autobahnbrücke schon wesentlich milder: „Ozon tötet. Steig ab, fahr Fahrrad". Aber auch sie müssen wohl einen weltfremden Klang behalten, um auf mich einzuwirken. Sie fordern das Unmögliche, damit ich über meine Möglichkeiten nachdenke. Es stimmt, auch ich gehöre zu denen, die mit ihrem Gasgeben an der Naturzerstörung beteiligt sind. Es ist schwer, aus dem Kreislauf von Kaufen, Konsumieren, Verbrauchen auszubrechen. Aber nicht mein ganzes Leben ist von totalen Sachzwängen verstellt, ist eine Art destruktiver Todesspirale. Es gibt immer wieder den Moment, in dem ich anders, neu entscheiden kann. Es geht nicht überall zu wie auf der Autobahn, wo ich mit allen anderen zügig in dieselbe Richtung fahre. Und mein Dasein ist auch nicht so eingekapselt wie in dem Gehäuse aus Blech und Rädern, mit dem ich unter der Brücke hindurchfahre. Gott sei Dank gibt es die freien Gedanken und die Fantasie. Auch die Chance, aus dem prophetischen Impuls heraus etwas anderes zu machen, nicht nur stehen zu bleiben bei guten Ideen. So, wie es der 31. Psalm sagt: „Gott, du stellst meine Füße auf weiten Raum." Am liebsten würde ich das noch neben den Satz auf der Autobahnbrücke schreiben.

Katharina Stoodt-Neuschäfer

Eltern ehren

Du sollst deinen Vater und deine Mutter ehren. Das vierte Gebot wurde oft dazu benutzt, um kleinen Kindern Gehorsam beizubringen. Aber so ist es nicht gemeint. Vater und Mutter ehren, das richtet sich an Menschen, die erwachsen sind. An die, die für Essen und Trinken und ein Dach über dem Kopf arbeiten können, die sich also selbst versorgen können. Sie werden mit diesem Gebot verpflichtet, auch für die aufzukommen, die das selber eben nicht mehr können, weil sie alt sind oder krank. Das vierte Gebot ist eine der besten sozialen Ideen überhaupt. Wir nennen das heute Generationenvertrag. Es lohnt jede Anstrengung, diese soziale Idee zu erhalten, auch unter anderen wirtschaftlichen Verhältnissen.

Vater und Mutter ehren, natürlich spielt da auch noch mehr mit hinein als nur soziale Absicherung und Versorgung. Es geht auch um die innere Beziehung, die erwachsene Kinder zu ihren Eltern haben. Viele haben da zwiespältige Gefühle, kein Wunder. Mutter und Vater prägen uns, wenn wir klein, abhängig und verletzlich sind. Was sie uns mitgeben an guten Erfahrungen, gibt uns ein Leben lang Kraft. Aber auch Verwundungen, die sie uns zufügen, bleiben oft lange in der Seele. Dankbarkeit und Zuneigung sind ebenso da wie Ärger und der Wunsch, nichts mehr damit zu tun zu haben. Aber so einfach ist das nicht. Was in der Kindheit war, prägt unsere wichtigsten Beziehungen.

Da heiratet zum Beispiel eine Frau einen Mann, der ist genauso wie ihr Vater. Und für Männer gilt das natürlich umgekehrt genauso. Selbst wenn man im Partner das genaue Gegenteil der Eltern sucht – wir sind von ihnen geprägt. Auch wer längst von zu Hause ausgezogen ist, trägt mit sich herum, was sie mitgegeben haben. In der Bibel steht dazu ein wichtiger Satz: Ein Mensch muss Vater und Mutter verlassen, um ein eigener Mensch zu werden. Sich von den Eltern lösen kann weh tun, Kindern und Eltern. Aber erst dann sind Kinder in der Lage, selbst neue, eigene Beziehungen einzugehen. Und erst dann können sie auch den Eltern neu begegnen.

„Vater und Mutter verlassen" – das klingt wie das genaue Gegenteil von dem, was das vierte Gebot fordert, Vater und Mutter zu ehren. Was wie ein Widerspruch klingt, passt in Wahrheit gut zusammen. Die Eltern kann ich nur ehren, wenn ich ihnen als erwachsener und selbstständiger Mensch begegne. Im besten Fall ist es übrigens das, wozu mich meine Eltern erziehen wollten.

Es ist wichtig, dass wir uns dafür einsetzen, dass der Generationenvertrag politisch und sozial vernünftig weitergeschrieben wird. Vater und Mutter ehren, das meint aber auch, dass erwachsen gewordene Kinder mitdenken, mitfühlen und dann auch mitorganisieren, wenn Eltern einmal ihr Leben nicht mehr allein führen können. Es geht dem biblischen Gebot auch darum, sich den eigenen Eltern an die Seite zu stellen, wenn sie es brauchen. Das werden wir dann besser können, wenn wir richtig erwachsen geworden sind: selbstverantwortlich und selbstbestimmt.

Heidrun Dörken

Graue Schwester Sorge

Die Sorge, sie ist die graue Schwester des Lebens. Wo die Sorge zu Haus ist, liegt über allem, was die Tage hell und freundlich machen könnte, ein grauer Schleier. Ein schwerer Druck lastet darauf. Er will nie weichen. Sorge lässt aus klarem, zielbewusstem Denken dumpfes Grübeln werden. Sie ist ein Gefängnis und lässt den, der ihr verfallen ist, immer nur im Kreis herumirren. Alle hoffnungsvollen Auswege scheinen verstellt. Die tägliche Arbeit ist nur noch Mühsal und Quälerei, und sie soll doch eigentlich dem Alltag Halt und Gestalt geben. Alles geht über die eigenen Kräfte, wenn die Sorge herrscht, die graue Schwester des Lebens.

Nicht nur einmal fordert die Bibel die Menschen auf: Sorget nicht! Alle eure Sorge werft auf Gott, denn er sorgt für euch! Jesus selbst zeigt auf die Vögel unter dem Himmel und die Lilien auf dem Feld. Sie haben keine Sorgen. Seht hin: Euer Vater im Himmel weiß, was ihr braucht! Sorgt euch nicht! Und in einem der Psalmen heißt es mahnend und verheißungsvoll zugleich: Es ist umsonst, dass ihr früh aufsteht und hernach lange sitzt und esst euer Brot mit Sorgen; denn seinen Freunden gibt Gott es im Schlaf. Aber es ist nicht einfach, diesen Befreiungsschlag zu tun und den grauen Schleier der Sorge zu zerreißen. So verlockend es klingt, so utopisch und weltfremd mutet es auch an, alle Sorgen über Bord zu werfen und fröhlich drauflos zu leben. Der himmlische Vater weiß, was wir brauchen? Und er sorgt für uns? Ist es so?

Es gibt eine Ursache, weshalb uns die Mahnungen der Bibel nur schwer erreichen und allzu weltfremd anmuten. Wie so oft in unserer Sprache hat da nämlich ein Wort eine doppelte Bedeutung. Das verwirrt.

Sorge ist nicht nur die graue Schwester des Lebens, sondern unser Leben selbst ist Sorge. Das ist gar nicht grau und trostlos. Solange wir leben, besorgen wir unser Leben. So hat der Schöpfer das gewollt. Unsere Tage sind ausgefüllt mit Vorsorge für uns selbst und Fürsorge für andere. Lauter sinnvolle Geschäfte. Eltern sorgen für ihre Kinder und manchmal auch umgekehrt. Ärzte und Schwestern leisten Gesundheitsversorgung. Andere Fachleute kümmern sich um die Energieversorgung oder die Wasserversorgung. Oder auch um die Entsorgung. Überall gibt es Versorgungssysteme, die unsere Alltagsbedürfnisse befriedigen. Sogar Seelsorge gibt es. Irgendwo haben alle ihren Platz in diesem Geflecht von Vorsorge und Fürsorge und Nachsorge und tragen dazu bei, dass die Versorgung aller gelingt. Es gibt Grund, dem Schöpfer dafür dankbar zu sein, dass er uns diese Sorge anvertraut hat. Dass er uns zu Selbstversorgern geschaffen hat.

Anders ist es, wenn die graue Schwester des Lebens bei uns einkehrt und ihre grauen Schleier die bunten Farben des Lebens verblassen lassen. Es passiert, wenn wir uns um das sorgen, was jenseits des Horizonts ist, bis zu dem unsere Kräfte und unser Verstand reichen. Dann nagt die Angst in uns, unsere Arbeit und Vorsorge könnten schließlich nicht ausreichen, unser Leben zu ernähren und zu sichern. Wie unter Zwang grübeln wir unablässig, was noch zu tun, noch zu bedenken, noch zu leisten ist. Wir stehen früh auf und essen unser Brot mit Sorgen, die weit über den Tag hinausreichen. Und statt zu beten, „unser tägliches Brot gib uns heute", versuchen wir, auch das noch zu besorgen, was der Vater im Himmel seiner Fürsorge vorbehalten hat. Der graue Schleier, der manchmal fast die Farbe eines Leichentuches annimmt, legt sich über unsere Tage, wenn wir vergessen, dass Gott weiß, was wir brauchen. „Alle eure Sorge werfet auf ihn, denn er sorgt für euch!" Es klingt leichtfertig und ist doch wahr: Diese Sorglosigkeit gönnt unser Schöpfer seinen Geschöpfen.

Gerhard Wendland

Gutes tun tut gut

Zehn Konfirmanden schlafen an einem Samstagmorgen nicht aus. Schon um halb elf, ungewohnt früh für ihre Verhältnisse, ist das Treffen verabredet. Handzettel und Sammeldosen sind bereit, und los geht's in die Fußgängerzone.

Im Konfirmandenunterricht hatten wir uns über Taschengeld, Hobbys, Essensgewohnheiten unterhalten. Wiebke und Evelyn gehen morgens ohne Frühstück aus dem Haus, sie kaufen sich in der Schule ein Brötchen. Konstantin findet das unmöglich, ohne ein richtiges Frühstück kommt er nicht in die Gänge. Taschengeld? So zwischen zehn und fünfundzwanzig Mark die Woche. Ohne die zusätzlichen Gaben von Oma. Dazu kommt der Verdienst vom Zeitungsaustragen. Manche kommen auf 180 Mark im Monat. Geld, das für Kino, Süßigkeiten und Markenkleidung ausgegeben wird. Oder für die anderen Hobbys: Reiten ist beliebt.

Dies alles hatten wir im Konfirmandenunterricht auf der linken Seite einer Wandzeitung notiert. Und rechts daneben trugen wir ein, was Joselito in Brasilien tagsüber macht. Morgens aufstehen, nichts frühstücken, arbeiten gehen. Er hat Glück, er kann Altpapier sammeln. Den Verdienst bringt er seiner Mutter, die es Gott sei Dank noch gibt. Der Vater ist schon vor Jahren verschwunden. Das Mittagessen besteht aus Reis und Bohnen, genau wie das Abendessen. Die Schule besucht der zwölfjährige Junge nicht. Dazu hat er keine Zeit. Außerdem bräuchte er eine Schuluniform, die ihm niemand gibt. Woher soll er die 100 Mark nehmen, die Hose, T-Shirt und Schuhe kosten? Wer würde an seiner Stelle arbeiten, damit seine Mutter und seine kleineren Geschwister etwas zu essen haben?

An Joselito und die vielen Straßenkinder Brasiliens denken die Konfirmanden am Samstagmorgen. Sie schwärmen durch die Fußgängerzone. Ihre Sammeldosen sind zu Rumbakugeln und Rasseln umgewandelt, man hört das gespendete Kleingeld klappern. Und die Argumente, die hin- und herfliegen: „Geht doch nach Bonn und holt euch da das Geld!" oder: „Ich würde ja etwas geben, wenn das für deutsche Kinder wäre. Hier gibt es doch auch genug Armut!" Oder: „Geht heim und macht eure Hausaufgaben!" Es dauert aber nicht lange, dann kommen die Jugendlichen aus ihrer Deckung. „ Meine Hausaufgaben habe ich gestern schon gemacht! Die Straßenkinder in Brasilien würden auch gerne zur Schule gehen. Warum helfen Sie nicht?" Oder ganz direkt: „Ist Ihnen das denn egal, was in den anderen Ländern passiert?"

Anfangs hatte es eher einen sportlichen Charakter, möglichst viel Geld in die Sammeldosen zu kriegen. Nach und nach wird die Aktion zur Auseinandersetzung von Jugendlichen mit der Welt der Erwachsenen. Manche Passanten bleiben stehen. „Ich finde es super, dass ihr sowas macht", sagt jemand. Eine Frau meint: „Ich bin zwar nicht reich, aber das hier unterstütze ich gerne." Sie steckt tatsächlich 50 Mark in die Sammeldose. Der Haupttreffer des Tages! Andere informieren sich. Die Jugendlichen geben Auskunft, so gut sie können, die Erwachsenen hören zu.

Später sagen die Konfirmanden: „Wir müssen unbedingt noch genauer Bescheid wissen beim nächsten Mal." Denn das ist ja wohl Ehrensache, dass diese Aktion wiederholt wird. In zwei Stunden haben sie mehr als 800 Mark gesammelt. Ihr Stolz ist berechtigt. Das wären dann also acht Paar Hosen plus Schuhe. Acht Gleichaltrige in Brasilien, für die es eine Chance gibt. Und in einer deutschen Kleinstadt zehn Jugendliche, die erlebt haben: Es lohnt sich, etwas zu tun. Gutes tun tut gut.

Katharina Stoodt-Neuschäfer

10

Vom
Beten

Alte Möbel

Das Ehepaar von nebenan, beide über 60, hat sich neu einge-
richtet. Wir sind nach der Pensionierung viel mehr zu Hause,
sagten sie, da wollen wir es schön haben.

Zu Hause sein in neuen Möbeln. Ob ich das könnte? Möbel
sind für mich wie lebendige Wesen: Manche sind alte Freunde,
andere Neuankömmlinge, und immer entscheiden die alten
Freunde, ob der Neuzugang als passender Umgang empfun-
den wird. Bei den alten kenne ich jede Macke, bei den neuen
schmerzt jede Verletzung. Und jenseits aller praktischen Ver-
wendbarkeit liebe ich die alten Möbel vor allem deswegen,
weil sie mir Geschichten erzählen. Geschichten von mir selbst,
Geschichten von Menschen, die längst gestorben sind und
weiterleben, solange Erinnerung an sie weiterlebt.

Wenn ich an meinem Esstisch sitze, sind meine Großeltern
als stumme Gäste immer mit dabei. Von ihnen stammt der
Tisch, an ihm haben meine Mutter und ihre drei Geschwister
gelernt, wie man mit Messer und Gabel umgeht. An diesem
Tisch wurden die bürgerlichen Lebensregeln weitergegeben,
die später auch noch die Enkel erreichten. Sätze wie: „Kleide
dich nach deinen Verhältnissen, iss unter deinen Verhältnissen
und wohne über deinen Verhältnissen."

Die dunkelste Erinnerung, die der Tisch birgt, ist die an das
Jahr 1944, als die Großeltern innerhalb weniger Wochen zwei
Kinder verloren und der alte Tisch, mit allem was ihn umgab,
erst einmal unter Trümmern beerdigt wurde. Heute werden
die Narben von damals von einer Leinendecke verhüllt, aber
seine Geschichte erzählt er mir trotzdem, der alte Tisch. Ihn
auf den Sperrmüll zu werfen, wäre mir unerträglich. Ebenso
wie der Gedanke, mich mit einem Schlag mit Möbeln zu um-
geben, die mir gar keine Geschichten erzählen könnten.

Darf man Gegenstände des täglichen Gebrauchs so aufla-
den, fast möchte ich sagen: beseelen? Für mich ist das gar
keine Frage. Der alte Tisch und ähnliche Lebensbegleiter er-

möglichen mir auf sehr alltägliche Weise, mit dem Ganzen in Kontakt zu bleiben. Mit den eigenen Wurzeln und der eigenen Geschichte.

Im Sonntagsgottesdienst mache ich manchmal ähnliche Erfahrungen. Seine Einrichtung, um im Bild zu bleiben, ist mir seit Kindertagen vertraut. Da gibt es feste, in jeder liturgischen Ordnung wiederkehrende Elemente, auf die man sich verlassen kann. Vertraut sind auch die biblischen Geschichten. Sie werden im Gottesdienst ja wieder und wieder vor uns hingestellt. In der Hoffnung, dass wir sie in neuen Alltagserfahrungen auch neu hören.

Manchmal freilich haben sich Lebensumstände und Gefühle so fest mit einem dieser religiösen Bausteine verbunden, dass sich beim Wiederhören alte Bilder vordrängen: Da gibt es Lieder, bei denen sehe ich mich sofort wieder als hungriges Großstadtkind in einem Diakonissenkinderheim vor einer dampfenden Milchsuppe stehen. Das Vaterunser lässt immer auch Erinnerungen an das letzte Krankenlager meiner Mutter aufsteigen. Ganze Lebensbögen werden da geschlagen. Gottesdienst und die Begegnung mit sich selbst schließen einander nicht aus. Im Gegenteil.

Ich denke, es gibt wenige Menschen, in deren innerem Haushalt sich nicht so etwas wie eine elementare religiöse Möblierung findet. Es kann ein Abenteuer sein, danach zu suchen und – wenigstens gastweise – darin wieder Platz zu nehmen.

Gisela Brackert

Vater unser

Es gibt nicht sehr viele Texte, die von einer großen Zahl von Menschen auswendig gesprochen werden können. Die Gedichte aus der Schulzeit geistern nur noch als Fragmente durchs Gedächtnis. Und bei Liedern komme ich nur selten über die erste Strophe hinaus. Ein Text aber ist einer ganz großen Zahl von Menschen vertraut, weltweit, obwohl er gar nicht mal so kurz ist: das Vaterunser. Dieses Gebet gehört in den festen und bekannten Bestand an Texten aus der christlichen Tradition. Und das ist gut so. Denn das Vaterunser ist ein ganz besonderer Text.

Eines Tages richtet einer der Jünger eine etwas merkwürdige Bitte an Jesus: „Herr!", sagt er, „Herr, lehre uns beten, wie auch Johannes seine Jünger lehrte!" Das ist etwas überraschend auf den ersten Blick. Von wem, wenn nicht von den Jüngern Jesu kann man denn erwarten, dass sie wissen, was und wie sie beten sollen? Aber diese Frage ist kein Zeichen dafür, dass es den Jüngern die Sprache verschlagen hat oder dass ihnen nichts Passendes mehr einfällt. Sie wissen: Der eigene Gebetsritus kennzeichnet eine religiöse Gruppe. Sie wird als eigene Gemeinschaft von anderen unterscheidbar. Und sie fragen Jesus, in welchem Gebet, in welcher Art zu beten sie sich als Gruppe wiederfinden, so wie sich eben die Anhänger von Johannes dem Täufer auch im eigenen Gebet gesammelt haben.

Jesus antwortet dem Jünger. „So sollt ihr beten: Vater unser im Himmel! Geheiligt werde Dein Name. Dein Reich komme. Dein Wille geschehe, wie im Himmel so auf Erden. Unser tägliches Brot gib uns heute. Und vergib uns unsere Schuld, wie auch wir vergeben unseren Schuldigern. Und führe uns nicht in Versuchung, sondern erlöse uns von dem Bösen." Und ein paar Jahrzehnte später hat man dann noch einen Schluss angefügt: „Denn Dein ist das Reich und die Kraft und die Herrlichkeit in Ewigkeit. Amen." Das Vaterunser ist also die Antwort Jesu auf die Jüngerbitte, sie beten zu lehren. Deswegen wird es bis auf den heutigen Tag in christlichen Gottesdiensten oft mit dem Satz eingeleitet: Wir beten, wie Jesus Christus es uns gelehrt hat. Wenn die Gemeinde dann zusammen betet, dann ist es wohl so wie zu Jesu Zeiten: Die Betenden erleben sich als zusammengehörende Gruppe, als Gemeinschaft, als Gemeinde eines Herrn.

Das ist nicht der einzige Grund dafür, dass dieses Gebet zu dem festen Bestand christlicher Texte gehört. Das Vaterunser hat sich auch auf Grund seines Inhalts, der Schönheit seiner Sprache und des Rhythmus der Zeilen in die Köpfe und Herzen der Menschen eingeprägt.

Zudem gibt dieses Gebet der Beziehung zu Gott eine neue Farbe. Es ist nicht selbstverständlich, Gott mit einem vertraulichen „Vater" anzusprechen. Die Anrede „Vater" nimmt die Jünger in die Beziehung mit auf, die Jesus zu Gott hat. Das schließt die Jünger und dann auch die Gemeinde mit Jesus als Kinder eines gemeinsamen Vaters zusammen.

Das Vaterunser benennt die größten Hoffnungen, die Menschen haben können und verkennt gleichzeitig nicht die Sorgen des täglichen Lebens. Die Bitte ums tägliche Brot steht neben dem Ruf nach dem Reich Gottes für die Menschen. Es kennt den Menschen als schuldbeladen und als versöhnungsfähig. Es umfasst die ganze menschliche Existenz.

Ich glaube, darum können es so viele Menschen mitsprechen. Und darum kann es auch in so vielen Situationen gesprochen werden, nicht nur im Gottesdienst. Es ist ein Gebet für das Kranken- und Sterbebett, es ist ein Morgen- und ein Abendgebet. Menschen sprechen das Vaterunser in großer Angst und nachdem sie vor einer Gefahr bewahrt wurden. Es ist ein Gebet für den Einzelnen und für die große Gruppe. Gut, dass wir es haben. Gut, wenn wir es beten können.

Helwig Wegner   135

Aus Gewohnheit

Ich möchte eine Lanze für die gute Gewohnheit brechen. Denn mir scheint, dass oft gar nicht zwischen guter und schlechter Gewohnheit unterschieden wird. Alles, was rein gewohnheitsmäßig getan wird, unterliegt leicht dem Verdacht, nicht viel wert zu sein. Ist es gut, ein Gebet zu sprechen, wenn man das Bedürfnis zu beten hat, oder ist es auch gut, aus Gewohnheit zu beten? Ist es gut, nur dann in die Kirche zu gehen, wenn man das Bedürfnis danach hat, oder ist es auch gut, aus Gewohnheit zu gehen? Die Frage lässt sich genauso bei anderen Gewohnheiten stellen. Ist das Küsschen, das man sich morgens zum Abschied gibt, nur dann echt, wenn es einem spontanen Bedürfnis entspringt, oder kann es genauso ehrlich sein, wenn es aus Gewohnheit gegeben wird? Ist der Besuch bei den Großeltern nur dann gut, wenn man das Bedürfnis hat, sie zu sehen, oder ist auch der Besuch gut, der regelmäßig stattfindet? Ist es nur dann gut, morgens das Radio einzuschalten, wenn man das Bedürfnis nach aktuellen Informationen hat, oder ist es genauso gut, aus Gewohnheit einzuschalten?

Wenn ich etwas aus Bedürfnis tue, dann bringt es mir etwas. Aber damit ist noch nicht gesagt, ob es nichts bringt, wenn ich das Gleiche aus Gewohnheit tue. Aus Gewohnheit Radio hören, Informationen bekommen, Musik hören, davon habe ich jedenfalls jeden Tag etwas. Gewiss kann ich auch abschalten, wenn ich keine Lust auf Radio habe. Aber eigentlich mache ich das nie. Wenn ich mich fragen würde, ob mein Besuch bei jemandem, der sich darüber freut, mir etwas bringt, ob er meinem Bedürfnis entspricht, dann wäre das doch sehr egoistisch. Sicher wird jeder seine eigene Strategie haben, seinen Egoismus immer wieder zu überlisten. Ich kann jedenfalls sagen, dass die Gewohnheit ein großer Helfer ist. Wenn ich immer erst fragen wollte, wie es mit meinem Bedürfnis aussieht, dann würden mir eine Menge Ausreden und Gründe einfallen, Gutes nicht zu tun.

Bedürfnisse sind nicht immer gute Ratgeber. Sie sagen uns nicht immer, was wir wirklich brauchen und was uns wirklich gut tut. Das gilt auch für religiöse Bedürfnisse. Wenn ich nur dann beten würde, wenn mich das Bedürfnis dazu veranlasst, dann käme das Gebet in meinem Leben zu kurz. Das regelmäßige, gewohnheitsmäßige Beten in einem festen Rhythmus entfaltet Kraft und trägt mich. Ich wurde in dieser Erfahrung schon von vielen bestätigt, die im religiösen Bereich sozusagen zu den Gewohnheitstätern gehören. Ich habe auch keine Hemmungen, das regelmäßige Gebet als eine Pflicht zu bezeichnen. Denn Dinge zu tun, die ich brauche, die mir gut tun, die sollte ich eben nicht lassen.

Etwas aus Gewohnheit tun ist nicht von vornherein schlecht. Es kommt allein darauf an, ob es eine schlechte oder eine gute Gewohnheit ist.

Harald Seredzun

Thomas

Zweifel tun weh, und damit meine ich nicht nur Glaubens-zweifel im engeren Sinn. Ich habe die Erfahrung gemacht, bei mir und anderen: Zweifel an Gott hängen oft mit Zweifeln an sich selbst zusammen. Mit Fragen, ob das Leben je wieder an-ders wird oder ob es wohl einen Menschen gibt, der einen mag und versteht. Vielleicht war es bei Thomas nicht anders, von dem das Johannes-Evangelium erzählt. Er wird als der exemplarische Zweifler dargestellt, der „ungläubige" Thomas. „Ich glaube es nur, wenn ich ihn selbst sehe und wenn ich seine Wunden berühren kann", hatte er gesagt. Damals, als Jesus am Kreuz gestorben war und zuerst die Frauen die Nach-richt brachten: Wir haben Jesus gesehen, er lebt, er ist aufer-standen. Thomas hat das bezweifelt. Doch dann ist Jesus extra zu ihm gekommen. „Komm her, Thomas", sagte er, „reich dei-nen Finger her und sieh meine Hände und sei nicht ungläubig, sondern gläubig." Und Thomas hat gesagt: „Mein Herr und mein Gott." Was hat ihn eigentlich überzeugt? Zum einen überzeugt ihn, dass Jesus eigens zu ihm kommt. Zu ihm, dem Zweifler. Unter all den Überzeugten und Glaubenden ist er als Zweifler Außenseiter. Jesus sagt damit: Du bist wichtig mit dei-nem Zweifel, deinem unbestechlichen Verstand. Du bist mutig unter all den Gläubigen, Leichtgläubigen und Strenggläubigen. Es ist verständlich, daran zu zweifeln, dass Jesus auferstanden ist. Aber manchmal sind Dinge, die unwahrscheinlich sind, doch möglich. Als Jesus zu ihm kommt, kann Thomas das be-greifen.

Überzeugt hat Thomas auch, wie Jesus ihm begegnet. Für mich liegt hier der Schlüssel, besser zu verstehen, was Men-schen zweifeln lässt, auch heute. Und zu sehen, wie Zweifel überwunden werden kann.

Jesus hat Thomas nicht überlegen den Kopf zurechtgerückt, nach dem Motto: Siehst du wohl! Nein, Jesus zeigt Thomas seine Wunden, seine Verletzungen. So etwas macht man nicht mit jedem. So etwas zeigt man nur einem Menschen, dem man nahe steht und vertrauen kann. Das ist wie in einer guten Familie oder unter wirklichen Freunden.

Ich denke, genau das haben viele, die zweifeln, nicht erlebt. Wenn ihnen etwas weh tat, haben sie gehört: Stell dich nicht so an! Oder es wurde über ihre Sorgen einfach hinweggegangen. Wer oft so abgewiesen wurde, bleibt misstrauisch und weiß nicht, wem er sich anvertrauen kann. Und kann es kaum glauben, wenn dann jemand auf ihn zukommt und wirklich ihn meint. Hinter Zweifeln am Leben und an Gott stehen oft tiefe Verletzungen.

Jesus zeigt Thomas, wer er wirklich ist: Der Lebendige ist der Verletzliche. Er begegnet ihm in einer neuen Weise. Einer vertraut sich dem anderen an, mit dem, was schmerzt. Und das ist es, woran Thomas Jesus wiedererkennt und was ihn überzeugt. Sicher kann man seine Verletzungen nicht jedem zeigen, ich muss mich auch manchmal schützen und kann nicht immer offen sein. Aber Vertrauen wächst, wenn Menschen sich gegenseitig mitteilen können, was sie verletzt. Oft scheitert Liebe daran, sich genau das nicht zu sagen.

Heidrun Dörken

Leichten Herzens

An der Bushaltestelle steht eine Gruppe Jugendlicher beieinander. Sie unterhalten sich eifrig. Beim Näherkommen sehe ich, es ist eine Gruppe geistig behinderter Jungen und Mädchen. Anscheinend unternehmen sie einen Ausflug mit ihrem Betreuer. Ich stelle mich ein wenig abseits. Da kommt einer der Jugendlichen auf mich zu und fragt: „Fährst du auch mit dem Bus?" Ich nicke. „Komm mit, dann musst du da vorne stehen! Wir fahren zum Bahnhof, und dann fahren wir mit dem Zug. Ich habe Brot in meinem Rucksack und eine Flasche mit Tee." Strahlend erzählt er von dem bevorstehenden Ausflug. Zwischendurch reibt er sich immer wieder vor Freude die Hände und tanzt von einem Bein auf das andere. Sein ganzer Körper ist von Freude durchzogen. Alle sollen sehen, was er für ein tolles Vorhaben hat. Er muss zeigen, wie es um sein Herz bestellt ist. Das hat etwas Ansteckendes, und ich bin eigenartig berührt von dem Jungen. Er macht aus seinem Herzen kein Versteck. So wie er jetzt seine Freude zum Ausdruck bringt, wird er auch seine Enttäuschung, seinen Zorn und seine Traurigkeit zeigen. Er wird die anderen in sein Herz sehen lassen.

Wie schutzlos mag er manchmal dastehen, wenn man ihm schon an der Nasenspitze ansehen kann, wie es um ihn bestellt ist. Es ist die unvermittelte Nähe, die mich berührt und fast ein wenig ängstigt. Da zeigt mir dieser Junge sein Innerstes und kommt nicht im Entferntesten auf die Idee, dass sein Vertrauen missbraucht werden könnte.

Viele Menschen haben gelernt, ihr Herz zu verbergen. Es gehört zum Erwachsensein, nicht jeden und jede hineinschauen zu lassen. Die Erfahrung hat das gelehrt. Erfahrungen mit Menschen, die nicht sorgsam mit dem umgegangen sind, was sie in den Herzen der anderen sehen. Die das Gesehene möglicherweise dazu benutzen, bloßzustellen und zu beschämen. Ein scheußliches Gefühl, wenn man so nackt und ohne Schutz dasteht. Wer will das schon? Damit man das nicht fühlen muss, verbergen die meisten lieber, was in ihren Herzen vorgeht. Manchmal tun sie dann richtig weh, die vielen verborgenen Dinge. Sie können uns umtreiben in der Nacht und am Tag. Oft werden Menschen daran richtig krank. Sie halten es nicht mehr aus, was in ihren Herzen verborgen ist. Sie brauchen eine oder einen, dem sie sich anvertrauen können. Doch die Angst, dass sie beschämt werden oder die anderen sie wegen ihres Geheimnisses nicht mehr mögen könnten, hindert sie daran, ihr Herz zu öffnen. Sie quälen sich lieber weiter, auch wenn sie in der Nacht nicht schlafen können und am Tage nicht bei der Sache sind.

Vielleicht komme ich mit meinem verborgenen Kummer leichter zurecht, wenn ich ihn Gott anvertraue. Am Anfang ist das gar nicht so einfach, das Sprechen mit Gott. Nicht selten mischt sich in das Gespräch dann immer wieder eine Stimme, die sagt: Hör doch auf, das hat doch keinen Zweck. Glaubst du im Ernst, Gott hört dir zu? Gott sein Herz öffnen, mit ihm sprechen, das geht nicht auf Kommando. Das ist am Anfang ein Hin und Her zwischen Zuversicht und Zweifel, dem nicht so einfach standzuhalten ist. Die Bibel erzählt, wie einer seine Not zu Gott schreit: „Herr, wie lange willst du mich ganz vergessen? Wie lange verbirgst du dein Antlitz vor mir? Wie lange soll ich sorgen in meiner Seele und mich ängstigen in meinem Herzen täglich?" Dann ganz unvermittelt die Erleichterung: „Ich aber traue darauf, dass du so gnädig bist; mein Herz freut sich, dass du so gerne hilfst. Ich will dem Herrn singen, dass er so wohl an mir tut." Ein leichtes Herz von Gott bekommen, ich kann nicht sagen, wie man das konkret macht. Aber ich kann von Erfahrungen erzählen, die Menschen machen, wenn sie nicht locker lassen und wider allen Augenschein auf Gott hoffen. In der Hoffnung sind wir schon mit der Kraft Gottes verbunden, die unser Herz leichter macht.

Christine Noschka   141

Kerze

An einem einzigen Tag werden in der Frankfurter Liebfrauenkirche 1100 bis 1150 kleine Kerzen angezündet. Viele Menschen sind dort in der Fußgängerzone unterwegs. Sie gehen
zur Arbeit, sie kommen von der Arbeit, sie haben keine Arbeit,
sie müssen zu viel arbeiten. Sie tragen einen Aktenkoffer, sie
tragen eine Einkaufstasche, sie schleppen Plastiktüten aus den
nahe gelegenen Kaufhäusern, sie kommen gerade von der
Speisung für Wohnsitzlose im Kapuzinerkloster. Sie stecken
ihre Kerze im Vorbeigehen an, sie bleiben länger. Sie stehen,
sie knien, sie beten. Sie stecken ihre Lichter beim Franziskus an
oder bei der Mutter Gottes. An vielen Orten dieser Welt ver-
ehren Menschen ihren Schutzpatron, indem sie eine Kerze an-
stecken. Ob in der Autobahnkirche oder in Lourdes, die Kerze
spendet Licht. Sie ist darüber hinaus ein Sinnbild für Helligkeit,
Erleuchtung, Klarheit. Die Kerze ist aber ebenso ein Zeichen
für Hingabe, Hingeben, Sich-Verzehren, kleiner werden, ein-
verstanden sein. Die Kerze hat keine Worte, aber sie spricht
eben doch. Die Kerze ist ein Geheimnis. In La Salette, einem
französischen Marienwallfahrtsort, wird dem Besucher beim
Entzünden einer Kerze ein Gebet vorgeschlagen. „Ich kann
nicht beten. Darum komme ich, um wenigstens eine Kerze an-
zuzünden. Ich weiss, eine Kerze ist kein großes Opfer. Sie ist
fast nichts von mir, fast nichts von meiner Arbeit, von meinem
Geld, denn sie kostet nicht einmal so viel wie eine einzige Mahl-
zeit. Sie ist nur ein Zeichen. Das Zeichen, dass ich einige Augenblicke schweigend vor Dir bleiben will.

Ein Zeichen, dass ich gekommen bin, weil ich weiss, dass Du
hier bist. Du siehst mich, bist nicht fern meinem Leben. (...)
Nicht fern dem, was mein Anliegen ist. Ich biete Dir diese
Kerze an, weil ich weiß, dass alles, was ich jeden Tag benötige,
von Dir kommt. Ich weiß es, seit Jesus, Dein Sohn, mich gelehrt
hat, von Dir alles zu erbitten."

Werner Brüning

Bibelstellenregister

Die Autorinnen und Autoren

Gisela Brackert, * 1937, evangelisch, Publizistin, Prädikantin, Mitglied der Synode der Evangelischen Kirche in Deutschland, lebt in Frankfurt am Main *10, 22, 94, 132*

Dr. Werner Brüning, * 1929, katholisch, war Pfarrer an St. Leonhard in Frankfurt und Rundfunkbeauftragter der Katholischen Kirche, lebt in Frankfurt *142*

Christoph Busch, * 1938, evangelisch, war Pfarrer und Dekan in Frankfurt-Bockenheim, gibt Religionsunterricht an einer Frankfurter Schule *12, 110*

Reiner Dickopf, * 1961, katholisch, Journalist, früher Krankenhausseelsorger, lebt in Frankfurt am Main *78*

Friedrich Dietz, 1921-1998, katholisch, war Ordinariatsrat und Rundfunkbeauftragter der Diözese Fulda, lebte in Künzell *92, 98*

Heidrun Dörken, * 1962, evangelisch, Pfarrerin und Rundfunkbeauftragte der Evangelischen Kirche in Hessen und Nassau, lebt in Frankfurt *14, 88, 96, 116, 124, 138*

Christa Drohmann, * 1942, evangelisch, Lehrerin, lebt in Hergershausen *66*

Winfried Engel, * 1947, katholisch, Diplom-Theologe, Leiter der Abteilung Schule-Hochschule-Medien im Bischöflichen Generalvikariat Fulda, Rundfunkbeauftragter der Diözese Fulda *118*

Gabriele Fischer-Seikel, * 1964, katholisch, Pastoralreferentin, Rundfunkbeauftragte des Bistums Mainz, lebt in Darmstadt *32*

Christel Gottwals, * 1956, evangelisch, Pfarrerin und Regionalmentorin am Theologischen Seminar Herborn, lebt in Laubach-Gonterskirchen *68, 72, 76*

Dr. Ulf Häbel, * 1942, evangelisch, Pfarrer in Freienseen und Gemeindeberater der Evangelischen Kirche in Hessen und Nassau *46*

Hanno Heil, * 1956, katholisch, Diplom-Theologe, Dezernent für Kirche und Gesellschaft des Bischöflichen Ordinariats Limburg *48*

Stephan Krebs, * 1958, evangelisch, Pfarrer und Beauftragter für die Gestaltung von ZDF-Gottesdiensten, lebt in Egelsbach *70*

Dr. Peter Kristen, * 1962, evangelisch, Schulpfarrer in Offenbach, lebt in Hammersbach-Langenbergheim *18, 74, 112*

Annemarie Melcher, * 1946, katholisch, Pastoralreferentin, Leiterin der Telefonseelsorge Darmstadt *26, 104*

Eva Müller, * 1967, katholisch, Pastoralassistentin, Berufsschullehrerin für Religion in Frankfurt, lebt in Kriftel *71*

Dr. Ilona Nord, * 1966, evangelisch, Theologin und Kommunikationswirtin, theologische Referentin beim Gemeinschaftswerk der Evangelischen Publizistik in Frankfurt *28, 90*

Christine Noschka, * 1954, evangelisch, Pfarrerin in Wiesbaden *100, 140*

Claudia Orthlauf-Blooß, * 1965, katholisch, Pastoralreferentin in Gau-Odernheim *30*

Martina Patenge, * 1956, katholisch, Pastoralreferentin bei der Telefonseelsorge Mainz-Wiesbaden, lebt in Mainz *42, 93*

Pater Erich Purk, * 1939, katholisch, Pfarrer der City-Gemeinde Liebfrauen in Frankfurt *40*

Harald Seredzun, * 1944, katholisch, Pfarrer in Darmstadt-Kranichstein und Messel *102, 136*

Dr. Hans-Christoph Stoodt, * 1954, evangelisch, Pfarrer für Stadtkirchenarbeit an St. Katharinen in Frankfurt *34*

Katharina Stoodt-Neuschäfer, * 1958, evangelisch, Pfarrerin in Königstein/Ts. *25, 36, 60, 82, 122, 128*

Prof. Dr. Hans Erich Thomé, * 1948, evangelisch, Professor für Liturgik und Homiletik am Theologischen Seminar der Evangelischen Kirche in Hessen und Nassau *50, 54, 56, 65, 108*

Prof. Dr. Harald Wagner, * 1944, katholisch, Priester, Universitätsprofessor in Münster *44*

Helwig Wegner, * 1949, evangelisch, Pfarrer und Geschäftsführer der Medienhaus gGmbH, lebt in Frankfurt *16, 38, 52, 62, 80, 84, 86, 114, 120, 134*

Gerhard Wendland, * 1931, evangelisch, war Pfarrer der Epiphaniasgemeinde in Frankfurt, lebt in Bad Soden *58, 126*

Grundlage für dieses Buch sind mehrere Sendungen des Hessischen Rundfunks mit kirchlichen Autorinnen und Autoren: „Zuspruch am Morgen" in hr 1 und hr 2, „Moment mal" in hr 3, „Übrigens" in hr 4.

Ein Informationsprospekt über aktuelle Termine und Frequenzen können Sie anfordern: Medienhaus, Rundfunkarbeit, Rechneigrabenstr. 10, 60311 Frankfurt, Telefon 069/ 92 10 72 10 Fax 069/92 10 72 01, E-mail rundfunk@ekhn.de